LA MENTE DEL DESPERTAR

El poder del Amor

GUESHE TASHI TSERING

PRÓLOGO DE LAMA ZOPA RIMPOCHÉ
Redactor Gordon Mc Dougall

Ediciones Amara. Ciutadella de Menorca

Título original: *The Mind Of Enlightenment*
Publicado por cortesía de Wisdom Publications.

Ediciones Amara. Ciutadella de Menorca

Publicado por vez primera en 2012.
por Ediciones Amara

2008 © Gueshe Tashi Tsering and Jamyang Buddhist Centre
2012 © Por Ediciones Amara
2012 © de la traducción: Carlos Ossés
2012 © Coordinador de la traducción: Isidro Gordi

Diseño de la portada: © Federica Mahieu

ISBN de la obra: 978-84-95094-42-1
Depósito Legal: B. 588-2012
Talleres Gráficos Vigor, S.A.
08980 Sant Feliu de Llobregat (Barcelona)

Dedicado a mi fallecida madre,
Dolma Buti.

CONTENIDO

PRÓLOGO DE LAMA ZOPA RIMPOCHÉ.............   9

PREFACIO DEL AUTOR   11

PREFACIO DEL REDACTOR   15

1. EL DESPERTAR DEL SUEÑO DEL EGOÍSMO......   19
La esencia de las enseñanzas de buda   19
Los beneficios de la bodhichita.................   22
Los beneficios inmediatos   24
Los beneficios a largo plazo   27

2. LAS ETAPAS EN EL CAMINO   33
La renuncia y la estabilidad.................   34
La ecuanimidad   37
La ecuanimidad de la sensación..................   37
La ecuanimidad de la aplicación   37
La ecuanimidad inconmensurable..................   38
La naturaleza mutable de las relaciones   41
Reducir nuestra aversión   43
La meditación sobre la ecuanimidad   45

3. LA RUTA INTUITIVA QUE CONDUCE
    A LA AUSENCIA DE EGOÍSMO   51
La mente principal de la bodhichita..................   51
Los dos factores mentales que componen la bodhichita.......   52
Los siete puntos de causa y efecto..................   55
Establecer la base para desarrollar la aspiración de beneficiar
    a todos los seres   56
Todos los seres han sido nuestras madres   56
Recordar la bondad de los demás   59

Decidir devolver la bondad 63
El método para cultivar la aspiración de beneficiar a todos
   los seres 65
El cultivo del amor afectuoso 65
El cultivo de la compasión 68
La intención especial 71
Cultivar la aspiración de alcanzar la Iluminación plena 71
El resultado 72

4. DAR UN VUELCO AL EGOCENTRISMO 75
La ruta racional hacia la compasión 75
Igualarnos con los demás 77
Comprender el sufrimiento 79
La igualdad de todos los seres 81
Intercambiarnos con los demás. 85
Dar un vuelco a nuestro egocentrismo. 85
Decidir ser desinteresado. 90
El poder de la familiaridad 94
El obstáculo de verme a mí y a los demás como algo diferente. . 95
Tomar y dar 100
La meditación 103
La combinación de los dos métodos 105
Cómo se combinan los dos métodos 106
Las cuatro causas, las cuatro condiciones y las cuatro fuerzas. . 108
Las cuatro causas 108
Las cuatro condiciones 110
Las cuatro fuerzas 112

5. EL ENRIQUECIMIENTO DE LA MENTE
   DEL DESPERTAR. 115
La bodhichita que aspira y se implica 115
Mantener la bodhichita que aspira mediante el ritual. 117
Los votos del bodhisatva 118
Diferencias entre los tres votos 119
Romper y restaurar un voto 120
Los veintidós tipos de bodhichita 123
Mantener y enriquecer la bodhichita en esta vida y en las futuras 129

Mantener y enriquecer la bodhichita en esta vida 129

Mantener y enriquecer la bodhichita en vidas futuras 130

Mantener la bodhichita a través del adiestramiento mental 131

6. LAS ACTIVIDADES DEL BODHISATVA 137

Las seis perfecciones 137

La perfección de la generosidad 141

Los tres tipos de generosidad 142

Los seis factores extraordinarios 145

Los principales obstáculos para practicar la generosidad 146

La perfección de la moralidad 149

Los tres tipos de moralidad 150

La perfección de la paciencia 152

Los tres tipos de paciencia 154

La perfección del esfuerzo alegre 158

Los tres tipos de perseverancia dichosa 161

Las perfecciones de la concentración y la sabiduría 163

Los cuatro medios para atraer a los seres conscientes al dharma 165

Conclusión 168

Apéndice: *Ocho versos sobre el adiestramiento mental* 171

Glosario 173

Bibliografía 179

Notas 181

Índice analítico 187

PRÓLOGO

El mensaje de Buda es universal. Todos nosotros buscamos la felicidad pero fracasamos en esta búsqueda porque de alguna manera la hacemos de forma equivocada. Sólo cuando empezamos a valorar a los demás la verdadera felicidad comienza a crecer dentro de nosotros, y en este sentido las verdaderas enseñanzas de Buda son enseñanzas de compasión y de ética, junto con la sabiduría de comprender la naturaleza de la realidad. Las enseñanzas de Buda contienen todo lo que se necesita para eliminar el sufrimiento y para hacer que la vida sea verdaderamente valiosa, y como tal estas enseñanzas no sólo son relevantes en el mundo de hoy sino que además son vitales.

Éste es el mensaje que dio mi valioso Maestro, Lama Thubten Yeshe a sus estudiantes occidentales. Su visión de presentar el Dharma de forma accesible y relevante para todos continúa desarrollándose. Su organización, la Fundación para la Preservación de la Tradición Mahayana (FPMT), ahora tiene centros por todo el mundo, y su trabajo tiene continuación en muchos de sus alumnos.

Los Fundamentos del Pensamiento Budista, desarrollado por Gueshe Tashi Tsering, es uno de los cursos centrales del programa de educación integral de la FPMT. La esencia de la filosofía budista tibetana la podemos encontrar en sus seis materias. "Los Fundamentos del Pensamiento Budista" es una base perfecta para poder realizar un estudio más profundo del budismo, al igual que una herramienta para transformar nuestra vida diaria.

Gueshe Tashi ha sido el Maestro residente del Centro Budista Jamyang en Londres desde 1994. Ha sido de gran ayuda a la hora de proporcionar una guía a los estudiantes de allí y de otros centros en los que enseña. Además, su profunda sabiduría –él es un Lharampa Gueshe, el grado más alto de cualificación educacional de nuestra cultura– su excelente inglés y su profundo conocimiento de los estudian-tes occidentales, hace que sea capaz de presentar el Dharma de una forma accesible y relevante. Su sabiduría, compasión y sentido del humor se combinan con un genuino talento para la enseñanza. Dentro de los seis libros que componen los *Fundamentos del Pensamiento Budista* encontrarás una combinación del entendimiento profundo y consejos sabios que pueden guiar tanto al practicante novato como al más experto en el sendero espiritual.

Tanto si lees este libro por curiosidad o lo haces como parte de tu sendero espiritual, sinceramente espero que lo encuentres beneficioso y que te haga encontrar la forma de abrir tu corazón y de desarrollar tu sabiduría.

Lama Zopa Rimpoché
Director Espiritual
Fundación para la Preservación de la Tradición Mahayana
Redactor Gordon Mc Dougall

PREFACIO DEL AUTOR

Volviendo la vista hacia atrás en mi vida, me invade un sentimiento de agradecimiento y de humildad por haber disfrutado de tantas oportunidades de aprender sobre la maravillosa mente del despertar, llamada *bodhichita* en sánscrito, la mente que desea alcanzar la Iluminación por el bien de todos los seres vivos. No solo he estudiado una y otra vez los textos supremos en el monasterio, sino que también he escuchado con frecuencia a muchos grandes Maestros, como Su Santidad el Dalai Lama, hablar sobre esta materia.

A pesar de lo poco que he podido asimilar dentro de mi continuo mental, todavía tengo la sensación de que mi constante exposición a las enseñanzas sobre la mente del despertar me ha hecho mucho bien. No estoy seguro de hasta dónde he llegado a practicar el altruismo pero, gracias a todo lo que he estudiado, estoy completamente convencido de que si deseo cultivar este tipo de mente en un momento futuro, tendría numerosos beneficios tanto para mí como para todos los seres con los que entro en contacto durante el curso de mi existencia. Además, obtendría una serie de beneficios inmediatos, como liberarme de los temores, de las preocupaciones y de la inseguridad que ahora forman parte de nuestra vida diaria; así como de una serie de beneficios a largo plazo, como alcanzar el estado plenamente despierto de la Iluminación.

Resulta muy interesante ver cómo los estudiantes occidentales, sin el menor complejo, muchas veces preguntan a Su Santidad el Dalai Lama si posee ese tipo de mente, una pregunta que ningún tibetano se atrevería a plantear. Su respuesta, invariablemente ofrecida con muy buen humor, es que lleva intentando desde que era un muchacho tener un vislumbre, aunque fuera fugaz, de ese tipo de mente y que el día que sea capaz de cultivar la mente de la Iluminación finalmente podrá tomarse un merecido descanso.

Esta respuesta nos indica lo crucial que es la mente del despertar a la Iluminación y el actual Dalai Lama no es el único que comprende su importancia. Existe una larga tradición de enseñanzas sobre la bodhichita y multitud de generaciones de grandes Maestros han entendido este punto, comenzando por el propio Buda.

Todas las tradiciones mahayana afirman que, para alcanzar la Iluminación plena, se necesita conocer tanto la parte de la sabiduría como la del método. La *sabiduría* se refiere al conocimiento profundo de materias como la impermanencia, la ausencia de existencia inherente, mientras que el *método* se refiere al desarrollo del lado emocional e intuitivo de la mente: amabilidad, amor, ética, etc. Pero, por lo que se refiere al método, lo primordial es el cultivo de la bodhichita.

El budismo es tanto una religión como una filosofía y dentro de la tradición tibetana se hace mucho hincapié en la investigación filosófica, de tal modo que es natural que a lo largo de los milenios hayan aparecido diferentes puntos de vista sobre cómo existen las cosas de manera real. Cada uno de ellos se corresponde con una disposición mental en particular y, aunque ninguno de ellos entra en contradicción directa, todos juntos crean un espectro de puntos de vista filosóficos. Sin embargo, en mi opinión, lo más interesante es que, a pesar del amor por el debate y el cuestionamiento que impera en nuestra tradición, no existe un desacuerdo acerca de la mente de la Iluminación. Todas las tradiciones coinciden, y lo hacen de manera total y sin fisuras, en este concepto, en su importancia y en los métodos que existen para desarrollarlo.

Sin una mente que esté de forma completa y constante enfocada hacia el bienestar de los demás, todas nuestras actividades estarán mancilladas por el interés personal. Pero la mente del despertar es mucho más que sentir compasión hacia los demás: es la mente que está completamente entregada a la aspiración de alcanzar la Iluminación plena como el único medio realmente satisfactorio de beneficiar a todos los demás de la manera más intensamente posible. Se trata de una mente amplia. Es *la* mente más vasta. Cuando se posee ese tipo de mente, cada acción propia del cuerpo, del habla y de la mente es pura y nos conduce de manera inexorable hacia la Iluminación.

Deberíamos regocijarnos, puesto que ya estamos dando los primeros pasos tentativos hacia la consecución de la bodhichita, algo que es enormemente extraño en los tiempos que corren. Si tenemos el valor suficiente, la ruta a seguir aparecerá ante nuestros ojos. Y estamos hablando de una ruta fija. La mayoría de los Maestros coinciden en que, aunque hay métodos diferentes para desarrollar este tipo de mente, existen una serie de pasos definidos que se deben realizar. Estos pasos los han ido formalizando a lo largo de los siglos los Maestros budistas de la India y tibetanos hasta condensarlos en dos métodos principales, y un tercero que es una amalgama de los dos anteriores. Estos métodos nos conducen a una mente que está imbuida con un fuerte sentido del amor y de la compasión por todos los seres vivos, una sensación de afecto y proximidad hacia todos. A partir de esa mente emerge el deseo natural de ayudar a todos los seres de la manera más profunda posible.

Al ser una materia de suma importancia, se han escrito muchos libros maravillosos por parte de diversos Maestros que están mucho más instruidos y más dotados que yo, lo cual hizo que al principio fuera reacio a escribir sobre la mente del despertar. Pero lo cierto es que nunca puede haber demasiados libros sobre esta materia y dentro del marco de la serie *Fundamentos del pensamiento budista*, este es un tema que se debe abordar. Aunque no tengo una comprensión de este tipo de mente, tal vez cierto entendimiento se haya ido desarrollando en mí a lo largo de los años que la llevo estudiando y, quizás, debido a mi dilatada asociación con la gente de Occidente, puedo impartir la sabiduría de los antiguos grandes Maestros empleando un lenguaje que resulte accesible y, al mismo tiempo, agradable. Si ese es el caso, entonces para mí es un enorme placer presentar las enseñanzas sobre esta mente tan increíble. Si a lo largo de este libro soy capaz de proporcionarte siquiera una pequeña parte de la inspiración que las enseñanzas de los grandes Maestros me han proporcionado sobre este tema, entonces tendré la sensación de haber alcanzado mi propósito.

PREFACIO DEL REDACTOR

A lo largo de los años que he estado asociado al curso *Fundamentos del pensamiento budista* creado por Gueshe Tashi en 1997, uno de los aspectos que más me han llamado la atención es el modo en el que los distintos módulos atraen a los diversos alumnos. Algunos alumnos navegan a través del concepto relativamente esotérico y difícil de las dos verdades de las que se habla en *Verdad relativa, verdad absoluta*, pero consideran que el concepto de asumir la responsabilidad de la felicidad de todos los seres conscientes de la que habla la bodhichita puede asustar un poco. Algunas personas se sienten cómodas con la idea del amor, pero se sienten frustradas cuando llegan a un amor que comprende la realidad, en todos sus aspectos crudos y poco agradables. Estoy convencido, si has leído los seis libros de los que consta esta serie, de que tendrás tus favoritos y de que habrá otros que te habrán resultado más complicados. Con un poco de suerte, también habrás visto lo hábil que ha sido Gueshe Tashi a la hora de elegir estos seis temas para ofrecer una idea general completa del budismo desde una perspectiva tibetana.

Los puntos principales del budismo mahayana son la compasión —el deseo de que los demás se liberen del sufrimiento— y el entendimiento de la realidad, para hacer eso posible. Por tanto, no es extraño que la mayoría de los estudiantes de los *Fundamentos del pensamiento budista*, atraídos a un curso de budismo tibetano, consideren que la mente del despertar a la Iluminación sea la joya más preciada de todas. Considero que este tema produce mucha alegría tanto estudiarlo como redactarlo.

La compasión y el entendimiento, los dos aspectos del budismo que le proporcionan gran fuerza y belleza, están unidos en la mente del despertar. Todos y cada uno de nosotros tenemos inclinaciones distintas y nos sentimos atraídos por diversas maneras de pensar, pero dentro del término *bodhichita*, la mente del despertar a la Iluminación, estamos inclinados a abrazar una mente tan vasta que derriba nuestras barreras mentales. Aquellos de nosotros que tenemos una disposición lógica, podemos darnos cuenta de cómo la compasión es la única opción y, por tanto, aprendemos a desarrollar el lado intuitivo y afectuoso de nuestras naturalezas; aquellos de nosotros cuyas mentes avanzan de manera natural hacia el amor y la compasión aprendemos a ver que el simple deseo de que los demás sean felices es muy impreciso a menos que esté reforzado por un conocimiento profundo de por qué no lo somos y, por tanto, aprendemos a desarrollar el lado racional y comprensivo de nuestra naturaleza. Todo está aquí y si somos capaces de empezar a comprender un poco lo que es esta mente increíble, esa puede ser la motivación que nos empuje a explorar todos los demás aspectos del budismo o de cualquier otra gran filosofía.

Muchos alumnos se han sentido atraídos a realizar el curso, y en especial a esta serie de libros, gracias a la "voz" de Guehse Tashi (una voz que espero no haya apagado con mi torpe redacción). Se trata de una voz llena de calor, humor y entendimiento pero, por encima de todo, es una voz llena de compasión. Al igual que sus Maestros, Gueshe Tashi solo habla con el deseo de ayudar a los demás y su mensaje cargado de compasión y de entendimiento está impregnado de brillo, independientemente de la materia que esté enseñando.

Me di cuenta de esto la primera vez que lo vi en 1992, cuando se encontraba en el monasterio Nalanda, en el sur de Francia, estudiando tanto el idioma inglés como la mentalidad occidental. Cuando estudia un libro de texto en inglés, lo hace por compasión; cuando lee *Scientific American*, lo hace por compasión. Tal y como él mismo afirma, la bodhichita –la compasión llevada a sus últimas consecuencias– es la esencia de las enseñanzas de Buda y, por tanto, todo lo que se encuentra dentro del budismo tibetano nos lleva de nuevo a la bodhichita. Esa ha sido la vida de Gueshe Tashi.

Gueshe Tashi nació en Purang, Tíbet, en 1958, y un año después escapó con sus padres a la India. A los trece años ingresó en la Universidad Monástica Sera Mey, y pasó los siguientes dieciséis años trabajando para conseguir el título de "gueshe", graduándose como Lharampa Gueshe, el grado más alto.

Después de un año en el Highest Tantric College (Gyuto), Gueshe-la comenzó su carrera como profesor en el monasterio Kopan cerca de Katmandú, el principal monasterio de la Fundación para la Preservación de la Tradición Mahayana (FPMT). Seguidamente, Gueshe Tashi, se trasladó al Gandhi Foundation College en Nagpur, y fue entonces cuando el director espiritual de la FPMT, el Lama Thubten Zopa Rimpoché, le pidió que fuera a enseñar a occidente. Después de pasar dos años en el monasterio Nalanda de Francia, en 1994 se convirtió en el profesor residente del centro budista Jamyang de Londres.

Al principio de su carrera como profesor en este centro observó que el aprendizaje pasivo basado en los textos, normalmente asociado a las enseñanzas budistas tibetanas de los centros occidentales, muchas veces fracasaba a la hora de conectar con los estudiantes de forma significativa. En un esfuerzo por proporcionar una alternativa a este método tradicional de enseñanza, a la vez que daba a sus estudiantes una visión general sólida del budismo, ideó un programa de estudios de dos años que consistía en seis módulos que a su vez incorporaban los métodos pedagógicos de occidente. Este libro surge de la cuarta parte de este programa, *Fundamentos del Pensamiento Budista*.

Al igual que sucede con los otros libros de esta serie, mucha gente está involucrada en el desarrollo de este volumen, y me gustaría agradecérselo a todos ellos. También me gustaría ofrecer mi más profundo agradecimiento al Lama Zopa Rinpoche, director del FPMT y fuente de inspiración para la creación de los programas de estudio a los que pertenece *Los Fundamentos del pensamiento budista*.

1. EL DESPERTAR DEL SUEÑO DEL EGOÍSMO

La esencia de las enseñanzas de Buda

La bodhichita es la esencia de toda la práctica budista. La propia palabra *bodhichita* lo explica en gran medida: *bodhi* es un término sánscrito que significa "despertarse" o "despertar" y *chitta* significa "mente". Como la Iluminación es el estado en el que uno se encuentra plenamente despierto, esta preciosa mente de bodhichita es la mente que comienza a estar completamente despierta para poder beneficiar a todos los demás seres. Tiene dos cualidades: la aspiración de beneficiar a los demás y el deseo de alcanzar la completa Iluminación para poder lograrlo de la manera más hábil posible.

En la tradición mahayana, las enseñanzas de Buda se dividen en tres grupos, o tres "giros de la Rueda del Dharma". Las enseñanzas sobre la mente del despertar proceden del segundo giro de la rueda del Dharma, del enorme grupo de sutras llamados *Prajnaparamita* o *Perfección de la Sabiduría*. Aunque la materia explícita de estos sutras es la naturaleza del vacío, o *shunyata* en sánscrito, su principal enfoque implícito es en la bodhichita, o en cómo cultivarla inicialmente, cómo mantenerla y cómo fortalecerla una vez que se ha cultivado.

Para comprender el significado implícito de los sutras del Prajnaparamita, Maitreya escribió un comentario titulado *Ornamento de las Comprensiones Claras* (*Abhisamayalamkara*). Muy pronto le siguieron otros comentarios sobre la obra de Maitreya, incluyendo *La guirnalda preciosa* (*Ratnavala*) de Nagarjuna y *Una guía a la forma de vida del Bodhisatva* (*Bodhisatvacharyavatara*) de Shantideva. Estos comentarios nos muestran además lo crucial que es desarrollar la mente de la Iluminación y mejorarla implicándose en los actos del bodhisatva.

Todo lo que Buda enseñó lo hizo por el desarrollo de esta mente tan preciosa. Tal y como afirma Shantideva, el gran sabio hindú del siglo VIII, en *Una guía a la forma de vida del Bodhisatva*:

Es el gran sol el que finalmente elimina
La brumosa ignorancia que hay en el mundo.
Es la mantequilla por excelencia
Que se obtiene batiendo la leche del Dharma[1].

Para mí, esto es un perfecto resumen de la bodhichita: de igual modo que la mantequilla fresca es la esencia de la leche cuando se bate, la bodhichita es la propia esencia de la práctica del Dharma. Sea cual sea la práctica que hagamos en el camino budista, si la canalizamos hacia la consecución de la bodhichita, entonces estaremos esforzándonos en alcanzar la esencia de todas las enseñanzas de Buda. La cita de Shantideva para mí tiene una repercusión muy especial, ya que recuerdo perfectamente que solía batir la leche cuando era un niño. Mi tarea diaria consistía en ordeñar las ciento cincuenta cabras que poseía mi familia y ayudar a mi madre a elaborar mantequilla. Vivíamos en el sur de la India, donde el calor era sofocante, así que esta tarea había que llevarla a cabo antes de que amaneciera. Como era el hijo mayor, tenía la responsabilidad de asegurarme de que disponíamos de mantequilla fresca para todas nuestras comidas. Y, de ese modo, llegué a conocer muy bien el proceso de elaboración de la mantequilla.

Batir la leche permite elaborar muchas sustancias, como nata, cuajada y suero, pero la esencia siempre es la mantequilla. Shantideva nos pide que consideremos nuestra práctica como si se tratara de la mantequilla en "la leche del Dharma", para comprender que a través del entendimiento y de la práctica de las enseñanzas de Buda podemos conseguir muchos beneficios. No obstante, dentro de ellas, se encuentra la esencia de la bodhichita. Ese debe ser el núcleo central de todo lo que hacemos.

Hay muchas maneras de estudiar y de desarrollar la bodhichita: leer, escuchar, meditar y trabajar con ella en nuestro entorno. A ser posible, debemos practicar con diligencia todos los métodos, plenos de entusiasmo y vigor. Pero, a menudo, esto es mucho más difícil de lo que parece en un principio.

Algunos de los que han seguido el camino del mahayana durante mucho tiempo ya habrán recibido las enseñanzas y las Iniciaciones donde la bodhichita ha desempeñado un papel esencial. Sin embargo, desde mi propia perspectiva, me doy cuenta de que a menudo la mente de la bodhichita se queda siendo una mente superficial, una mente que simplemente desea ayudar a los demás de una forma muy general. Esto es, desde luego, una mente maravillosa, pero que no nos llevará demasiado lejos. Es como soñar que se viaja a la India pero, en realidad, nunca hacemos nada para cumplir nuestro deseo.

Necesitamos encontrar una manera de ir más allá de ese simple deseo y, por tanto, tendremos que seguir paso a paso dos métodos tradicionales y muy efectivos (y su síntesis) para poder desarrollar la mente del despertar. Es muy importante –y muy productivo– examinar detenidamente este proceso: el punto de partida del proceso, todo lo que viene a continuación, hacia dónde nos llevará eso, etc. Si hacemos esto, nuestra meditación no solo será un estado mental que anhela, sino que se convertirá en una parte del proceso de la verdadera consecución de la bodhichita. La mente más preciosa de todas, la que aprecia a todos los seres, se puede convertir en una parte genuina de nuestra vida, un verdadero sentimiento que nos motiva en todo lo que hacemos y no simplemente un vago deseo.

Lo que veremos a continuación es como una especie de manual: resulta inútil a menos que se utilice como una guía práctica para conseguir nuestro objetivo, la mente preciosa de la bodhichita. Las palabras que se recogen en estas páginas simplemente son renglones de tinta negra a menos que, de alguna manera, sean efectivas en la estimulación al lector para que emprenda algún tipo de acción, para que empiece a contemplar la bodhichita de una manera sistemática y vigorosa.

Tengo la esperanza de que al final de este libro tengas la sensación de que la bodhichita es el elemento más importante en tu desarrollo espiritual y de que puedas tomar la firme decisión de desarrollarla verdaderamente paso a paso, llevando tu actitud más allá de la simple etapa de *deseo* y de que llegues a la realización de la intención de la mente por alcanzar el bienestar de todos los demás seres.

Los beneficios de la bodhichita

Una barca deja a una persona en la otra orilla.
Una aguja nos cose la ropa.
Un caballo nos lleva a donde queremos.
La bodhichita nos conduce a la budeidad.

El elixir llamado *la piedra filosofal*
Convierte el acero en oro.
La bodhichita convierte este cuerpo impuro
En el cuerpo de un Buda[2].

Los Maestros budistas declaran que el egocentrismo se encuentra detrás de todo sufrimiento. Aunque tratamos de culpar de nuestro sufrimiento a una serie de factores que se encuentran fuera de nosotros, como nuestro trabajo, nuestra familia e incluso el calentamiento global, el budismo mira más allá de este concepto y lo adscribe a la mente egoísta. Si esto es así, la solución debe ser la contraria, la mente que ya no se concentra *únicamente* en el yo.

El cultivo de la mente del despertar es el trabajo de muchas vidas y su objetivo final nos parece tan lejano que lo perdemos de vista y, en su lugar, nos esforzamos por conseguir objetivos menores. Por tanto, desde un primer momento, necesitamos definir en nuestra mente los beneficios de la bodhichita de la forma más clara e intensa posible. *Esta* es la motivación que impulsa todo lo que hacemos, y no cualquier otra cosa menor.

Te recomiendo que, para poder mantener fuerte tu motivación, te reencuentres habitualmente con las escrituras sobre la práctica de la bodhichita. En cierto modo, deberías hacerte un lavado de cerebro para ver que la bodhichita es la única mente digna de mérito y promocionarte a ti mismo para convertirte en un fanático de la bodhichita. Todos estamos expuestos a diario a un lavado de cerebro y a la propaganda: literalmente, nos bombardean millones de imágenes, con la única intención de que nos despojemos de nuestro dinero o de que obliguemos a nuestra mente a pensar de otra manera. Pero, en este sentido, estamos fomentando un tipo de lavado de cerebro positivo, una desprogramación de las presunciones que tenemos y que dominan nuestras vidas.

Por esta razón, guías como *Vasto como los cielos, profundo como el mar* de Khunu Rinpoche y *Una guía a la forma de vida del Bodhisatva* de Shantideva son especialmente útiles para refrescar nuestra práctica y nuestras aspiraciones.

Una guía a la forma de vida del Bodhisatva, de Shantideva, es el libro más admirado en el Tíbet. He visto más de treinta comentarios escritos acerca de él y Su Santidad el Dalai Lama a menudo ofrece citas extraídas de este texto cuando imparte sus enseñanzas. La reflexión sobre cada uno de sus versos estimula y alienta a la mente en su viaje, como la llave en el contacto de un automóvil. El Maestro tibetano Dzogchen Khunu Rinpoche afirma:

Si empiezas algo, empiézalo con la bodhichita.
Si piensas en algo, deja que el pensamiento sea de la bodhichita.
Si analizas algo, analízalo a la luz de la bodhichita.
Si investigas algo, investígalo a la luz de la bodhichita[3].

Lama Tsongkhapa también desarrolló este tema en su *Gran tratado sobre las etapas del camino a la Iluminación*

(*Lamrim Chenmo*). Afirmaba que cada vez que preguntaba a alguien cuál era su práctica principal, todos mencionaban a alguna poderosa deidad, pero casi nunca se encontró con alguien que dijera: "Mi práctica es la bodhichita". Pensaba que eso era muy triste, porque indicaba el declive de la práctica del Dharma de Buda. Es evidente que no hay nada malo en tener una práctica basada en una deidad tántrica, pero concentrarse en Tara, Chenrezig o en cualquier otra deidad tántrica a expensas del desarrollo de la bodhichita es algo contradictorio, ya que esas deidades se basan en ella. Sin la motivación de la bodhichita, toda nuestra práctica se convierte en otro aspecto más del samsara y no existe un beneficio real. Si la bodhichita es nuestra motivación, los beneficios son infinitos.

LOS BENEFICIOS INMEDIATOS

Al principio, el simple hecho de pensar en una mente inconmensurable que desafíe a todos los superlativos es demasiado sobrecogedor como para concebirlo y, por tanto, tal vez resulte conveniente comenzar por pensar en los múltiples beneficios que reporta el desarrollo de la bodhichita, incluso en el nivel más mundano. Al reducir nuestro egoísmo aunque sea ligeramente, incrementamos nuestra felicidad. Por tanto, mientras nos encontramos luchando por alcanzar esta vasta e inimaginable mente que es nuestro objetivo final, al mismo tiempo estamos cumpliendo sin esfuerzo con nuestra necesidad natural de ser felices.

El concierne principal de la bodhichita es desarrollar una actitud afectuosa hacia los demás y, con ello, también estamos reduciendo nuestro apego, nuestra aversión y nuestra ignorancia, los "tres venenos" que son la esencia de todo sufrimiento. En el momento presente, nuestra mente está gobernada por la parcialidad –nos gusta esto, nos disgusta lo otro, ignorando a un tercero– pero a medida que desarrollamos el concierne por los demás y nuestro apego, nuestra aversión y nuestra apatía van decreciendo, nos sentimos de forma natural más contentos y felices. La mente egoísta es una mente tensa e infeliz, mientras que la mente desinteresada es ligera y dichosa. Es como si existiera un continuo y, en un punto intermedio, no seamos ni completamente egoístas ni totalmente desinteresados. Trabajar por la eliminación de nuestro egocentrismo solo puede conducir a un mayor grado de felicidad. Aunque esto puede parecer evidente, nos hemos condicionado a nosotros mismos a buscar la felicidad a través de objetos externos, como un automóvil nuevo, unas vacaciones divertidas o una relación intensa.

La alegría y la ligereza que sentimos cuando estamos haciendo algo desinteresado es el opuesto exacto del temor que sentimos cuando tenemos un propósito movido por el egoísmo. La mente egoísta siempre exagera las cosas. Los objetos de su deseo se vuelven más atractivos y los objetos de su aversión se vuelven más repulsivos y, en ambos casos, el temor desempeña un papel muy importante: el temor a perder el objeto de deseo o el temor de que suceda algo desagradable. Si lo pensamos, se trata de una ecuación muy sencilla: el egocentrismo equivale al miedo y la ausencia de egoísmo equivale a la libertad que nos proporciona no sentir miedo. Cuanto más desarrollemos una mente que sinceramente se preocupe por los demás, más se desvanecerá esa exageración y más sencilla y despreocupada será nuestra vida. Sin lugar a dudas, tendremos menos preocupaciones.

Hace tiempo había un programa en la televisión británica llamado *999*, que ofrecía reconstrucciones de rescate peligrosos que habían llevado a cabo algunas personas. Era un programa muy popular porque, cuando observábamos la valentía de las personas que salvaban vidas, sentíamos una enorme sensación natural de alegría y placer. ¡Y eso que no se trataba más que una reconstrucción en la que una persona hacía algo bueno por los demás! Si fuéramos capaces de hacer algo tan desinteresado, no cabe duda de que sentiríamos una alegría sincera. Y, sin embargo, no hay manera de comparar ese estado mental temporalmente accidental con una auténtica bodhichita. En *Una guía a la forma de vida del Bodhisatva*, Shantideva afirma:

> Si el hecho de pensar en aliviar a las criaturas de un simple dolor de cabeza es una intención beneficiosa, dotada de una bondad infinita, ¿qué se podría decir del deseo de acabar con su inconcebible miseria, deseando que todas y cada una de ellas fueran conscientes de las buenas cualidades sin límite?[4]

Todos sabemos lo agradecidos que nos sentimos cuando alguien nos ofrece aunque sea una ayuda pequeña y temporal, como una pastilla para el dolor de cabeza, o cuando nos dan un consejo sobre cómo eliminar un virus que tenemos en el ordenador. Por tanto, deberíamos sentirnos mucho más agradecidos cuando alguien trata de mostrar altruismo con el fin de llevarnos hasta el completo cese de todo nuestro sufrimiento.

Y, cuando nos mostramos abiertos a desarrollar la mente del despertar, nos volvemos más alegres y felices, estamos menos obsesionados con nuestros problemas personales y reservamos más espacio para los demás. Piensa en las personas que nos rodean: nuestros amigos, nuestros compañeros de trabajo y todos los hombres y mujeres que vemos mientras nos desplazamos a nuestro puesto de trabajo. Al cultivar la bodhichita, nos sentimos abiertos a proporcionar paz y beneficios a todas las personas que salen a nuestro encuentro. Nuestra alegría los atrae hacia nosotros y perciben una sensación de calma y de felicidad en nuestra presencia, de igual manera que simplemente una sonrisa puede iluminar muchos otros rostros. Esto se puede extender a toda nuestra comunidad, a nuestro entorno y a todo el mundo.

Por tanto, por inmensa que sea la mente del despertar de la bodhichita, desde este mismo instante podemos empezar a cambiar nuestras vidas, de manera positiva y radical.

LOS BENEFICIOS A LARGO PLAZO

Si los beneficios inmediatos que reporta el desarrollo de la mente del despertar son maravillosos, los beneficios a largo plazo son inconcebibles. Shantideva afirma:

Todos los Budas que han contemplado durante multitud de eones se han dado cuenta de que esa mente es beneficiosa; ya que por medio de ella, las infinitas masas de seres comenzarán rápidamente a alcanzar el supremo estado de dicha[5].

Con la bodhichita, nuestra vida se vuelve realmente significativa. Nuestro cuerpo humano actual es el resultado de las emociones aflictivas y del karma negativo y, como tal, no es más que una vasija donde se almacena el sufrimiento, plena de la posibilidad de albergar preocupaciones y dificultades. Pero si somos capaces de desarrollar la bodhichita en esta vida, y convertirnos en lo que se denomina un *bodhisatva*, este cuerpo humano puede convertirse en el cuerpo de un Buda. Shantideva afirma:

Es el supremo elixir que crea oro, ya que transforma el cuerpo impuro que hemos adoptado en una joya de incalculable valor de una forma de Buda.
Por tanto, debemos aferrarnos firmemente a esta Mente del Despertar[6].

Si somos capaces de conseguir hacer algo bueno por los demás de manera espontánea, aunque solo sea durante unos segundos, en última instancia experimentaremos una sensación de enorme alegría. No se trata de una teoría abstracta ni de un consejo aleatorio que se ofrece para mostrarnos un estado que podemos alcanzar en un futuro lejano, sino que se trata de la sencilla afirmación de una realidad que, en mi opinión, todos hemos experimentado en algún momento de nuestra vida.

Por decirlo de manera sencilla, Lama Zopa Rinpoche a menudo afirma que la verdadera felicidad en la vida comienza cuando empezamos a apreciar a los demás. La bodhichita no solo reducirá nuestras emociones negativas, sino que en última instancia las eliminará completamente, porque es el principal antídoto contra la mente egocéntrica. Si todos nuestros temores son causados por la mente egoísta, entonces la desaparición de ese tipo de mente es la clave para que alcancemos la felicidad. Al cultivar esta mente, todos y cada uno de nuestros actos merecerán la pena.

Sin la bodhichita, aunque alcancemos una experiencia directa del vacío, podríamos convertirnos en un arhat[7], pero no podríamos ir más allá de esto. Por esta razón, es tan importante que desde el primer momento nos marquemos unas motivaciones que sean lo más elevadas posibles, con el fin de determinar que todo lo que hagamos sea con el propósito de alcanzar la Iluminación plena. Y la única razón de que queramos alcanzar la plena Iluminación debe ser para beneficiar a todos los seres conscientes. No es necesario ir hasta la plena Iluminación. En el *momento* en que generemos la bodhichita en nuestra forma de pensar, es como si fuéramos el hijo o la hija de Buda. Shantideva afirma:

Hoy mi vida ha dado sus frutos;
Tras haber obtenido esta existencia humana,
He nacido en la familia de Buda
Y ahora soy uno de los hijos de Buda[8].

Eso es algo realmente asombroso, ¿no crees? Nacer en la familia de Buda: ¡no hay nada más placentero! ¡Qué maravilla! Solo entonces podemos afirmar verdaderamente que nuestra vida es fructífera.

Algunas personas afirman que son practicantes del budismo mahayana porque estudian el budismo tibetano y realizan largas sadhanas cada día, pero si no tienen la mente fija en el desarrollo de la bodhichita, no pueden ser honestas en sus afirmaciones.

Lama Tsongkhapa dice en su *Lamrim Chenmo* que, el hecho de que nuestra práctica se convierta en una práctica budista en el camino del bodhisatva depende de nuestro estado mental. Si nuestra mente es la mente del despertar de la bodhichita, entonces el simple hecho de recitar el mantra para proporcionar riqueza temporal se convertirá en una práctica del vehículo del bodhisatva.

Imagina una vida donde todas las preocupaciones agradables y no tan agradables por el interés personal dejaran de existir; donde el deseo de ayudar a los demás emergiera de forma continua y espontánea y no causara pesadez y temor, sino la alegría más increíble, permitiéndote tener la energía y la habilidad necesarias para marcar una diferencia importante.

Tal vez no podemos siquiera imaginar cómo serían las cosas si tuviéramos una mente así, pero si somos lo bastante afortunados como para haber conocido a los Maestros budistas más dotados, entonces podemos ver fácilmente cómo funciona. Su Santidad el Dalai Lama, Lama Zopa Rinpoche, Thich Nhat Hahn, Ajahn Sumedho —seres maravilloso como ellos— son ejemplos vivientes de cómo puede ser una mente del despertar. Completamente liberados del interés personal, son personas invariablemente alegres, felices, humildes, llenas de sentido del humor y, por encima de todo, completamente apasionadas y afectuosas. Son los modelos a seguir que deberíamos utilizar cuando pensamos en la bodhichita.

¿Por qué los seres humanos parecemos sentirnos atraídos de manera natural hacia figuras como Lama Zopa Rimpoche? No es porque sea de Nepal, o porque tenga un rostro distinto, ni porque lleve unas túnicas diferentes. En mi opinión, se debe a que posee ese tipo de mente. Está claro que se preocupa completamente por los demás y, por tanto, lo amamos y disfrutamos mucho cuando estamos a su lado. Gracias a su corazón verdaderamente amable, su presencia nos proporciona mucha alegría. Nuestras aspiraciones siguen sus consejos.

Si esta mente es tan deseable, ¿qué es lo que puede impedir que la busquemos y que, en última instancia, logremos encontrarla? La respuesta simplemente es el hábito y el condicionamiento. El hábito de considerarnos primero a nosotros mismos ha estado presente desde hace muchas vidas pasadas y nos ha convertido en seres mezquinos y débiles, fácilmente confusos y manipulables. Vemos los anuncios que salen en la televisión promocionando productos como coches rápidos, ropa nueva y modernos aparatos electrónicos, e inmediatamente nos hacen pensar que queremos y necesitamos todas esas cosas. Parece muy sencillo manipular nuestra mente hacia las cosas que carecen de importancia y, sin embargo, resulta muy difícil apuntarla hacia los asuntos que son espirituales.

Aunque un fumador empedernido sabe que el tabaco va a matarlo, el hábito resulta enormemente difícil de romper. Lo mismo sucede con el hábito del egocentrismo. Ese hábito es tan fuerte porque es una adición que hemos tenido desde vidas inmemoriales. Si fuéramos capaces de comprender realmente nuestra situación en el samsara, nos daríamos cuenta con total claridad de lo crucial que resulta romper ese mal hábito que tenemos, dejar de ser tan fácilmente manipulables por las cosas samsáricas y comenzar a seguir el camino espiritual. Desde mi propia perspectiva, observo que existe un enorme vacío entre el entendimiento lógico de la naturaleza sufridora de la existencia cíclica y el deseo intuitivo de sentir confort y placer. A un nivel profundo, sentido, no soy capaz de ver la fragilidad de la "felicidad" que actualmente experimento y, por tanto, mi motivación para liberarme de la mente egocéntrica todavía es muy débil.

Si un alpinista que se encuentra a medio camino de una roca escarpada pierde la concentración, corre un gran peligro. Esa es la situación en la que todos nos encontramos en este momento: somos seres humanos y estamos razonablemente acomodados, especialmente desde el punto de vista material de Occidente. En este momento, como consecuencia de estas cosas materiales fugaces que nos ayudan, parecemos sentirnos completamente a salvo y cómodos. Pero, aunque es cierto que este apoyo va a desaparecer, carecemos de una consciencia de este hecho. Si fuéramos capaces de comprender realmente lo inconscientes que somos, ese podría ser el empujón que necesitamos para acabar con el mal hábito de recurrir a ese tipo de cosas y sería lo que necesitamos para animarnos a desarrollar la espiritualidad.

Lo que está muy claro es que *podemos* adiestrarnos para tener este tipo de mente llamada *bodhichita*. Es posible. Y si tenemos este tipo de mente, no cabe duda de que será la fuente de la verdadera felicidad, tanto para nosotros mismos como para los demás. En última instancia, nos conducirá a una Iluminación plena pero, de forma más inmediata, la mente del despertar puede reportar enormes beneficios tanto a nosotros mismos como a los demás, así como mucha alegría.

Para muchos de nosotros, una de las partes esenciales de nuestra identidad budista consiste en realizar un peregrinaje espiritual a Bodhgaya. Ese viaje requiere meses de preparación. Debemos consultar con nuestros Maestros de Dharma, trazar el mapa de nuestro peregrinaje, ahorrar dinero y fijar un presupuesto, hacer los preparativos para el transporte y el alojamiento y hacer todo el papeleo necesario. Todo esto supone una enorme cantidad de energía y determinación, incluso antes de poner un pie en un avión.

En este sentido, sabemos cómo prepararnos para la tarea que tenemos entre manos. Sin embargo, puede que no sepamos que también hay una serie de pasos claramente definidos a lo largo del camino que conduce a la bodhichita, ayudándonos en nuestro viaje personal y mental que conduce a la mente del despertar.

Al igual que sucede cuando iniciamos un peregrinaje, también debemos reorganizar nuestras vidas a través de la preparación y de la práctica. Existen tres etapas fijas para desarrollar la mente del despertar que son necesarias para todos los individuos y se han formalizado en tres métodos que tradicionalmente se enseñan en los monasterios tibetanos. La primera supone los *siete puntos de causa y efecto*, que nos permiten contemplar la compasión hacia los demás con el fin de generar la mente del despertar. La segunda etapa supone *equipararnos y cambiarnos con los demás*, llevándonos a contemplar el samsara aparte de nuestro propio ser y sensaciones. Y, finalmente, la tercera etapa es un método que combina la primera y la segunda etapas a través de un método riguroso y disciplinado. Pero, de la misma manera que al inicio debemos prepararnos para seguir adelante en un peregrinaje, tenemos una gran cantidad de trabajo que llevar a cabo antes de asumir la responsabilidad de liberar a todos los seres del sufrimiento y de conducirlos a una paz definitiva. Desarrollar la mente del despertar requiere tiempo, habilidad y determinación y existen una serie de preliminares que primeramente debemos preparar: renuncia, estabilidad y ecuanimidad.

La renuncia y la estabilidad

Tal y como hemos visto en el capítulo anterior, no podemos pensar en cultivar la mente del despertar hasta que no tengamos una motivación intensa y clara de superar todas las dificultades con las que nos tendremos que enfrentar. Esto implica reajustar nuestra vida y renunciar a todas esas cosas que dificultan nuestros caminos (las preocupaciones mezquinas que están relacionadas con el ego) y desarrollar aquellas que nos ayudan (la mente despejada y concentrada que tiene la fuerza necesaria para transformarse).

Nuestro primer paso en esta dirección consiste en desarrollar un fuerte entendimiento de la verdadera naturaleza de la existencia cíclica: cómo estamos gobernados por las aflicciones mentales que condicionan todo lo que hacemos y nos atrapan en las continuas series de causas y consecuencias llamadas *samsara*. Durante una vida tras otra atravesamos este proceso, soportando constantemente el sufrimiento, tanto grande como pequeño, físico y mental. Para comprender esto no es necesario adoptar una filosofía fatalista o un dogma dirigido a desarrollar sumisión y moralidad. Simplemente hacemos que nuestra mente comprenda la realidad de nuestras situaciones y luego luchamos por superarla. Solo cuando veamos con total claridad la verdad de nuestra existencia condicionada tendremos el deseo de liberarnos de ella, siendo capaces de hacer algo de manera activa respecto a nuestra situación, y desearemos ayudar a las demás personas que se encuentran en las mismas circunstancias.

Cuando contemplamos la existencia y el sufrimiento cíclicos, nos damos cuenta de que nos sentimos frustrados por los deseos mezquinos y egocéntricos, así como por las aversiones que nos dominan y nos atrapan en un ciclo de necesidades. Al comprender la verdadera naturaleza del samsara, empezamos a elevarnos por encima de él, generando un deseo que está completamente dirigido a beneficiar y ayudar a los demás. Esto se denomina *renuncia*, aunque no tenga nada que ver con negarnos a nosotros mismos el placer, que es la connotación habitual en Occidente, sino que supone el deseo de salir lentamente del barrizal de la existencia condicionada en base a un entendimiento pleno del samsara.

El practicante y erudito tibetano del siglo XIX, Gung-thang Jampelyang, impartió sabios consejos a los monjes a lo largo de sus diversas etapas de educación. Les dijo que las actividades de la vida son como las ondas que se forman en el agua: en cuanto nos sobreviene una experiencia, otra nueva está comenzando, multiplicándose finalmente hasta el infinito alrededor de nosotros. Luego preguntó a los monjes si no se encontraban en el mejor momento para cortar de manera inmediata el ciclo de actividades infinitas y así comenzar a simplificar sus ya simples vidas.

Muchos tenemos a personas que dependen de nosotros, familiares y responsabilidades que nos impiden apartarnos de todo, pero necesitamos encontrar el momento para analizar nuestras actividades y ver cuáles son necesarias y cuáles son superfluas para nuestra supervivencia. No solo no necesitamos todos esos objetos y accesorios extravagantes, sino que podemos comprobar con facilidad cómo nos están atando por culpa del apego y la aversión, llenándonos de deseo por obtener riquezas materiales a corto plazo. Tras hacer un profundo análisis, podemos ver que somos capaces de crear una mente que está determinada a liberarnos tanto a nosotros mismos como a los demás del poder de la ignorancia, de la ira y del apego, proporcionando beneficios a largo plazo tanto para nosotros mismos como para los demás.

La preparación no es un concepto nuevo para el estudiante occidental. Nos estamos constantemente preparándonos para nuestras vidas, realizando exámenes, enviando solicitudes a universidades, sometiéndonos a entrevistas para ocupar un puesto de trabajo y, finalmente, luchando por proporcionar una vida cómoda a nuestras familias. Pero en algún momento de nuestra vida comenzamos a tener la sensación de que necesitamos prepararnos para algo más, algo que se encuentra más allá de nuestro alcance. Llega un momento en el que nos damos cuenta de que una casa más grande, un ascenso en nuestro trabajo o un coche más rápido no van a hacer que nos sintamos realmente felices. Siempre hay otro peldaño más en la escalera, pero no tenemos la menor idea de hacia dónde nos conduce.

Nos damos cuenta que nuestro duro trabajo apenas ha estado dirigido hacia la consecución de la felicidad pura y auténtica cuando advertimos lo desdichados y poco realizados que somos. Vemos los defectos que tiene nuestra estrategia y tomamos la decisión de cambiar en el nivel mental. Al eliminar todo lo que es superfluo y una pérdida de tiempo, nos estamos concediendo espacio para comprobar cuál es el verdadero potencial de la mente, conduciéndonos a un intenso deseo de desarrollarnos como personas. Al concentrarnos en lo que tiene significado, renunciamos a los aspectos de la vida que carecen de valor y que tanto esfuerzo nos ha costado crear.

Esta concentración y claridad proporciona el telón de fondo para nuestra práctica de la meditación introspectiva. Este segundo preliminar, la *estabilidad*, es la capacidad que tiene la mente para mantenerse en un objeto sin que exista una interferencia procedente de las distracciones mentales. La meditación, un término que se utiliza con mucha frecuencia pero que muy pocos son capaces de comprender, significa habituar la mente a los estados positivos, estabilizando la mente en la tranquilidad y en la claridad. Esto en particular se llama la mente de la permanencia apacible (en sánscrito *shamatha*, en tibetano *shine*) y hablaremos de ella en la próxima sección cuando veamos la ecuanimidad de la aplicación.

La ecuanimidad

Antes de seguir avanzando en nuestra práctica de la meditación compasiva, tenemos que desarrollar en nuestra mente un sentido de la ecuanimidad. Nuestro objetivo es prepararnos en los siete puntos de la técnica de causa y efecto, reconociendo que todos los seres vivos han sido nuestra madre y sintiendo en lo más profundo de nuestro interior que no existe diferencia entre nosotros y todos los demás seres.

El término *ecuanimidad* tiene diversos significados, tanto desde el punto de vista cultural como contextual. Incluso los eruditos del budismo señalan tres tipos distintos de ecuanimidad:

- La ecuanimidad de la sensación
- La ecuanimidad de la aplicación
- La ecuanimidad inconmensurable

LA ECUANIMIDAD DE LA SENSACIÓN

La ecuanimidad de la sensación no es, por extraño que parezca, un factor en el desarrollo de la bodhichita. La sensación es, en esencia, uno de los factores mentales que siempre deben estar presentes, mientras funcione la mente, así que si no estamos experimentando placer ni desagrado, aparecerá un sentimiento neutro, o un sentimiento de indiferencia. Como nuestro objetivo es cesar las funciones de una mente atada a la existencia cíclica, esta mente aislada e introvertida nos desconecta de los demás y, como tal, no hace nada para conducirnos hacia la bodhichita.

LA ECUANIMIDAD DE LA APLICACIÓN

Aunque la ecuanimidad de la sensación nos ayuda a comprender el cuerpo y la mente en la que habitamos, la ecuanimidad de la aplicación nos permite desarrollarnos espiritualmente con más plenitud, proporcionándonos la estabilidad necesaria para desarrollar el tercer preliminar, el de la ecuanimidad inconmensurable. Se trata de una mente muy avanzada, la última de las nueve etapas de desarrollo de la mente de la permanencia apacible, en cuyo contexto se llama la *mente del emplazamiento en equilibrio*. Al concentrarnos en las distracciones más intensas a las que nos enfrentamos en la meditación, reducimos la mente apagada y hundida y la mente excitada y dispersa. El practicante del budismo sabe que, en realidad, este ajetreo se trata de un tipo de pereza, una manera de dejar que la mente se evada de los verdaderos asuntos que debe afrontar.

LA ECUANIMIDAD INCONMESURABLE

Al desarrollar esta ecuanimidad de aplicación, llegamos a ver que somos capaces de utilizar la mente como una base sobre la que desarrollar la forma más crítica de ecuanimidad. Esta tercera forma la podemos cultivar en nuestro interior por medio de dos maneras, basándonos en nuestro deseo de alcanzar el bienestar de los demás o en nuestra relación con los que nos rodean. En cierto sentido, contemplamos el hecho de que todos los seres conscientes que nos rodean están enmarañados en una red de aflicción y hostilidad autoinducida y desarrollamos un intenso deseo de que todos los seres vivos se liberen del samsara y de sus causas. En otro sentido, cultivamos una mente que es verdaderamente imparcial hacia todos los seres, manteniendo todas las relaciones con el mismo afecto y cariño que la siguiente. En efecto, tratamos a todos los seres con ecuanimidad y desarrollamos una mente indiscriminada de afecto y aversión. En el *Lamrim Chenmo*, Tsongkhapa nos aconseja que:

En este contexto, tu meditación trata la distinción entre el amigo y el enemigo. No tienes que eliminar el concepto de amigo o enemigo, sino la parcialidad que emerge de tu apego y tu aversión, basada en el punto de vista de que algunas personas son tus amigas y otras son tus enemigas[9].

Podemos cultivar esta ecuanimidad inconmensurable utilizando una serie de meditaciones, incluyendo el examen de la necesidad de que todos los seres vivos alcancen la felicidad y eviten el sufrimiento, analizando nuestra propia parcialidad y viendo lo dañinos que potencialmente pueden ser nuestros actos, tanto para nosotros como para los demás. Somos conscientes del hecho de que, para asegurar nuestra propia felicidad, muchas veces podemos impedir que los demás alcancen sus objetivos y disfruten de sus alegrías. Nos damos cuenta de que, para poder conseguir objetivos y personas, marcamos diferencias erróneas entre amigos y enemigos, oscureciendo parcialmente nuestra claridad y ocasionando daños. Pero al meditar sobre esta mente parcial, nos acercamos más a la ecuanimidad inconmensurable.

Las escrituras budistas declaran que deberíamos sentirnos igualmente próximos a todos los seres conscientes, tanto que a menudo podemos sentirnos como si significara distanciarnos de nuestros buenos amigos con el fin de cultivar este tipo de ecuanimidad. Aunque necesitemos reevaluar nuestras relaciones más fuertes, deberíamos ver que merece mucho la pena encontrar maneras de superar el apego que normalmente es la razón para alcanzar esta proximidad. El apego y la proximidad son dos cosas distintas, pero a menudo el apego produce proximidad. Sabemos que nunca podremos encontrar la ecuanimidad si estamos gobernados por el apego; por tanto, deberíamos preguntarnos cuántas relaciones están gobernadas por el amor, y cuántas por el interés personal.

El interés personal desempeña un papel muy importante en muchas de nuestras relaciones personales. Una persona me ayuda de una manera –tal vez desarrollando a mi ego, siendo mi amiga y haciendo que me sienta apreciado o ayudándome a conseguir algo que quiero– y eso hace que me sienta "próximo" a ella. Aunque la ayuda que me pueda proporcionar esta persona es real, el proceso es erróneo: esta persona es especial porque me ha ayudado, aquella otra persona no es especial porque no me ha ayudado. La mente exagera la calidad de una persona basándose en un criterio de ayuda o de dolor muy superficial. Cuando somos sinceros con nosotros mismos, nos damos cuenta de lo ilógicamente parciales que somos hacia los demás, basándonos simplemente en cómo nos tratan. Y esto sucede incluso con nuestros Maestros espirituales: necesitamos separar la proximidad que sentimos hacia ellos de cualquier apego que podamos haber desarrollado. Cualquier apego, incluso hacia alguien como Su Santidad el Dalai Lama, es destructivo.

De la misma manera, y usando la misma lógica, necesitamos reducir la aversión que sentimos hacia la otra clase de seres, hacia aquellos que nos han hecho daño de alguna manera. De igual modo que el apego que sentimos hacia los amigos es poco realista y limitado, también lo es la aversión que sentimos hacia los demás seres. Si realmente queremos desarrollar la mente de la Iluminación, debemos incluir la compasión por aquellas personas que, de una manera o de otra, son nuestras antagonistas. No ayuda nada buscar la Iluminación en nombre de todos los seres *excepto* nuestra ex pareja y nuestra casera.

Cuando mi Maestro impartió sus enseñanzas sobre este tema, usó el ejemplo de un nómada que cuidaba de un enorme rebaño de ovejas. Las ovejas son todas anónimas y presentan el mismo aspecto, pero el nómada se preocupa por todas y cada una de ellas por igual. No hay una oveja en particular hacia la que sienta más proximidad, no hay ningún cordero al que desee castigar particularmente. Nuestro objetivo y nuestra misión es desarrollar esa mente para todos los seres conscientes, ir más allá del daño real o imaginario que percibimos que los demás nos han hecho y buscar la felicidad a largo plazo tanto para nosotros mismos como para todos los demás. Con un poco de reflexión, sabemos que cuando nos obsesionamos con problemas superficiales a corto plazo, estamos acabando con cualquier posibilidad que tengamos de desarrollarnos espiritualmente.

La naturaleza mutable de las relaciones

Cuando por fin somos capaces de ver que estamos continuamente encasillando a los demás como "amigo", "enemigo" y "extraño", podemos empezar a entender el error principal que cometemos en nuestra mente categorizadora. Las consecuencias que conlleva este error nos causan daños importantes no solo en nuestra vida presente, sino también en el ciclo de la vida que nos precede y que nos sigue de una vida a otra. Nagarjuna, en su *Carta a un amigo*, afirma:

> El padre de uno se convierte en el hijo de uno y la madre de uno en la esposa de uno. Y la persona que era enemiga se convierte en una amiga amada. De ese modo, no existe ninguna certeza en la existencia cíclica[10].

La meditación sobre la ecuanimidad es un método que sirve para romper con este proceso de categorización.

Hasta las razones más nimias harán que cambiemos completamente nuestra forma de sentir hacia una persona. Si un extraño me dedica una amplia sonrisa en el autobús mientras me desplazo al trabajo, esa persona me agrada por ese motivo. Pero si al día siguiente está de mal humor y me ignora, me siento rechazado y dolido, como si siempre hubiera sabido que se trata de una persona desagradable. Sabemos que las personas que antes estaban consideradas enemigas declaradas ahora son buenas amigas. Sin lugar a dudas, esto es un factor importante de la naturaleza constantemente mutable y en movimiento de nuestra mente.

A través de una meditación y de una contemplación más profunda, también llegamos a darnos cuenta de que hasta nuestras atracciones y aversiones no son tan sencillas y concretas como al principio habíamos sospechado. Incluso aquellas personas hacia las que profesamos una aversión más fuerte son seres hacia los que sentimos una fuerte proximidad, aunque esta proximidad únicamente exista en una forma negativa en esta etapa. Pero basta con hacer un pequeño cambio para que nos demos cuenta de que esta aversión puede transformarse en amistad si se dan las condiciones adecuadas. ¿Con qué frecuencia nos quejamos de nuestro jefe porque consideramos que nos trata injustamente? Pero quizás si coincidiéramos en un acto social con él, llegaríamos a darnos cuenta de que su vida personal es un desastre y si le dedicamos alguna palabra podríamos modificar completamente su actitud y, de paso, convertir nuestra aversión inicial en un afecto sincero.

Si creemos en las vidas futuras, entonces el hecho de contemplar cómo las relaciones cambian de una vida a otra es algo muy útil para el desarrollo de la ecuanimidad. No solo nuestro padre se convierte en nuestra hija y nuestra hermana se convierte en nuestro tío, sino que nuestra amante se convierte en nuestra enemiga. Además, en el contexto de las vidas futuras, el daño que nos infligen ahora se convierte en algo completamente superficial y a corto plazo. Como mucho, durará hasta que muramos, mientras que cualquier hostilidad que hayamos creado dentro de nuestras mentes como consecuencia de ese daño nos causará sufrimiento en la próxima vida y más allá.

Cuando estamos tan obsesionados con nuestro propio dolor, no somos capaces de tener en cuenta los sentimientos y las posturas de los demás. Aunque podamos fácilmente perdonarnos a nosotros mismos por habernos enfadado, diciendo: "Ese no era yo", a menudo nos damos cuenta de que es relativamente imposible llegar a la misma conclusión cuando se trata de los actos que han cometido los demás. Al igual que nos sucede a nosotros, ellos no están gobernados por la sabiduría ni por la compasión, sino por sus mentes confusas y engañadas. Su engaño es lo que nos está haciendo daño. Cuando nos demos cuenta de que esto es así, finalmente podremos empezar a reducir nuestra ira y nuestra aversión hacia los demás.

En esta etapa de nuestro desarrollo espiritual debemos concentrarnos en llevar nuestros pensamientos y nuestras emociones hacia un estado mental más neutral. Desde esta sensación de neutralidad, seremos capaces más tarde de desarrollar una mentalidad de proximidad hacia todos los seres, amigos, enemigos y completos extraños. Llegamos a darnos cuenta de que ellos, al igual que nosotros, quieren alcanzar la felicidad y no desean ningún pesar. Al igualar nuestras relaciones con todos los seres conscientes, reducimos el apego hacia los amigos, reducimos la aversión hacia nuestros enemigos y sentimos empatía hacia aquellas personas que están lejos de nuestro alcance. Pero nuestro principal objetivo es avanzar hacia el desarrollo de la neutralidad y ese es el siguiente paso de nuestras etapas del desarrollo meditativo.

Reducir nuestra aversión

Incluso cuando somos capaces de comprender que el apego a los amigos y la aversión a los enemigos son una forma de pensar destructiva, no resulta sencillo controlar esa mentalidad. En la psicología budista, el término *generalidad colectiva* describe el modo en el que esta mente conceptual puede sobrepasar a todo un grupo y formar una opinión general.

Utilicemos una araña como ejemplo. Aunque no dispongamos de una fotografía de ella, podemos formarnos una imagen mental de ese insecto y sentir una sensación de aversión que nos sube por el cuerpo. Cuando retenemos esa imagen de la araña en la cabeza, los sentimientos de repulsa nos invaden de manera natural.

En el caso de los tibetanos, luchamos contra nuestra aversión hacia los chinos. Sabemos lógicamente que las personas que forman el pueblo chino son las mismas que nosotros y solamente son un grupo relativamente reducido de líderes con una cierta ideología los que dan las órdenes. Todos los demás se sienten tan impotentes hacia ellos como nosotros, los tibetanos. Pero, para muchos tibetanos, el odio está dirigido a *todos* los chinos; así es como ese sentimiento de repulsa se ha iniciado por culpa de una generalidad colectiva. Todos estamos expuestos a caer en los estereotipos y en los prejuicios, aunque no los manifestemos en forma de odio racial.

Es absolutamente esencial que nos enfrentemos a esta tentación de caer en la generalidad colectiva y tratemos de superarla. Necesitamos darnos cuenta de la sensación distorsionada de aversión o de atracción que emerge cuando aplicamos a un solo individuo las características generales y exageradas de todo un grupo, o cuando recurrimos a nuestra propia discriminación personal para nublar nuestro entendimiento general.

A menudo, llegamos incluso a dejar que un incidente aislado influya en la "concepción general", tiñendo toda nuestra vida de ira y resentimiento, permitiéndonos alimentar de negatividad y culpa a situaciones y experiencias futuras. Decimos cosas como: "Él ha arruinado mi vida haciendo esto en particular", pero tenemos problemas para comprender que nosotros mismos estamos arruinando todavía más nuestra vida llenando nuestro corazón de odio. El daño prosigue mucho después de que haya cesado la acción, de la misma manera que la idea de la araña sigue despertando temor en nuestro corazón.

Los textos budistas apuntan la existencia de dos maneras de afrontar esta situación: mirando en nuestro interior y viendo que nuestra continua aversión es la que ahora nos está haciendo daño, y no el acto inicial, u observando a la persona que lo ha perpetrado y examinando los motivos que se esconden tras sus actos y, de ese modo, viendo más allá del daño que nos hacen a nosotros mismos.

Shantideva también nos ha dejado unos maravillosos versos que explican las desventajas que tiene la aversión y las ventajas que ofrece la ecuanimidad en el sexto capítulo de *Una guía a la forma de vida del Bodhisatva*. Afirma:

No hay peor mal que el odio.
Ni disciplina mejor que la paciencia.

Por tanto, debería tratar de encontrar varias formas
De meditar sobre la paciencia.

Mi mente no se llenará de paz
Si alberga dolorosos pensamientos de odio.
No hallaré la dicha ni la felicidad,
No podré conciliar el sueño y me sentiré perturbado[11].

Este pasaje nos enseña que debemos esforzarnos por hacer algo más que *reconocer* el hecho de que la mente de la aversión es un error y necesitamos darnos cuenta de que realmente *nos hace daño*. Eso no quiere decir que deberíamos actuar de manera pasiva si nos ha hecho daño otra persona, sino que deberíamos contenernos y actuar sin ira ni malicia. Cuando respondemos a la ira con ira, se pone en marcha una reacción en cadena; si respondemos a la ira con entendimiento, se sientan las bases para que nazca la paz.

La meditación sobre la ecuanimidad

Para comenzar una verdadera meditación sobre la ecuanimidad, debemos comenzar dedicando unos minutos a meditar sobre la respiración, concentrándonos en la sensación que produce el aire al entrar y al salir por los orificios nasales. Esto hace que la mente se relaje y se concentre.

A continuación, cuando sientas que estás preparado, visualiza que un buen amigo se encuentra sentado delante de ti. Saca a la luz los sentimientos de afecto y alegría que normalmente experimentas cuando esta persona se encuentra cerca y piensa en algunas de las cosas que hacéis juntos, sin dejar que ningún recuerdo en particular te distraiga. Concéntrate en la sensación general que despierta en ti esa amistad.

A continuación, comienza a explorar tu propia mente con respecto a esa relación. ¿Qué es lo que te hace sentir tan apegado e intensamente unido a esta persona, a esta relación? ¿Tu amor es puro e incondicional? ¿O te das cuenta de que, de alguna manera, te estás beneficiando de esta relación? ¿Esta persona te hace sentir inteligente, bueno o hermoso?

Piensa cómo cualquier otra cosa que no sea el amor incondicional resulta peligrosa en el sentido de que es mutable, dependiendo de las condiciones. Si en esta meditación sobre tu amistad te das cuenta de que algunos rasgos de ella dependen de lo que te proporciona esa persona, debes darte cuenta de que es una comodidad finita y de que acabará por extinguirse o por expirar. El amor y el apego son dos cosas completamente distintas y es necesario ver cada uno de estos elementos en nuestras relaciones con los demás. Por lo general, nuestras relaciones son una mezcla de amor y apego y nuestro objetivo es reducir ese apego con el fin de poder alcanzar la ecuanimidad y el entendimiento.

Una vez que te hayas sentido cómodo con esta práctica, trata de visualizar delante de ti a una persona que te está haciendo daño de alguna manera. Aunque seamos demasiado civilizados como para catalogar a esas personas de "enemigas", debería ser una persona que te irrita en mayor medida que las demás. Podría tratarse de un vecino que maltrata a su esposa, el mecánico que te está robando o una antigua pareja que todavía te está exigiendo cosas. Si no te viene nadie a la cabeza, también sirve imaginarse a figuras de talla mundial —terroristas, políticos, representantes de algo que consideras que es injusto en el mundo— y utilizarlas a modo de referencia.

De nuevo, al igual que sucedía con la visualización de tus amigos, no te sumerjas en las circunstancias de esta persona, representando una y otra vez la escena en tu mente. En su lugar, explora el modo en el que tu mente reacciona a esa situación. Sientes aversión por esta persona, pero ¿por qué? ¿Qué parte de ese dolor y de ese sufrimiento es provocado por sus actos en un momento concreto y no por el hecho de que la persona sea inherentemente mala? Deberías ver que la aversión que estás experimentando en este momento es mucho más dañina que el daño que esa persona te ha causado originalmente. Cuando nos damos cuenta de ello, nos apartamos de nuestra ira y descubrimos que, realmente, podemos controlarla.

Cuando hayas analizado a fondo esta relación, repite la misma práctica con un extraño. No tienes ningún sentimiento hacia esa persona: ¿por qué? Probablemente, porque no desempeña ningún papel en tu vida y, por tanto, no será objeto de apego ni de aversión en tu mente. Pero eso no se debe a que esa persona sea inherentemente poco interesante. Es una sencilla realidad que estamos muy absortos en nuestra propia historia, y en los "amigos" y "enemigos" que la coronan, que no nos queda tiempo para la miríada de demás seres que cohabitan con nosotros en este planeta. Nos enteramos de que ha sucedido una tragedia en Sudamérica y podemos pensar en lo terrible que es pero, siendo realistas, es probable que no nos conmueva profundamente. Al contemplar por qué sentimos indiferencia por la inmensa mayoría de seres, podemos empezar a ver lo limitada y destructiva que es nuestra parcialidad.

Una vez que hayamos visualizado plenamente a estos tres individuos por separado, es necesario dar un interesante paso e ir más allá. En este punto, debes comprender que lo que sientes de manera intuitiva como una condición intrínsecamente externa —bueno, malo, neutro— no es más que una proyección de tu mente, basada en el modo en el que esa persona te ha afectado. Sin embargo, ahora debes visualizar que las tres personas se encuentran sentadas delante de ti. Observa sus diferencias. Tal vez tu buen amigo luce una dulce sonrisa, el jefe autoritario se ríe sarcásticamente y el extraño no te causa ninguna impresión. ¿Cuántos de tus juicios se basan en factores superficiales? Al examinar a los tres juntos, podemos darnos cuenta de sus similitudes.

Cuando visualizamos a los tres, observamos que existen muchas pequeñas alegrías y decepciones en la vida de cada individuo. Si investigamos con mayor profundidad, tal vez formando historias completas, comenzamos a darnos cuenta de las experiencias comparables por las que cada uno ha tenido que pasar. En última instancia, son seres con sentimientos, su mentalidad ha sido creada por una serie de falsas ilusiones y sus necesidades más acuciantes guardan relación con alcanzar la felicidad y evitar el sufrimiento. Esa misma felicidad y sufrimiento que nos asedian también actúan como la causa raíz de sus actos y, por esa razón, tu amigo te gasta bromas, tu jefe te asedia y el extraño que hay en el tren entierra la cabeza en un libro y evita el contacto visual.

Nuestro sentido de la ecuanimidad aumenta cuando somos capaces de darnos cuenta de lo parecidos que son una vez que nos comparamos realmente a nosotros mismos con los demás. Los sentimientos comunes que nos invaden en este punto de la meditación son una aversión menor hacia aquellas personas que nos desagradan y un apego más mitigado hacia aquellas personas con las que simpatizamos. Podríamos llegar a sentir, tal y como a menudo afirma Su Santidad el Dalai Lama, que "ya no hay extraños, sino solo personas que todavía no han entrado a formar parte de nuestra vida". Pero al repetir esta meditación, ya sea en situaciones informales o cada vez que advertimos que existe un apego, una aversión o una apatía o indiferencia, los sentimiento de categorización acabarán finalmente por menguar en nuestro interior y los sentimientos intuitivos que sentimos hacia las personas perderán fuerza en el juicio que hagamos de ellas.

Una vez que este sentimiento de ecuanimidad se pone de manifiesto, tanto en tu práctica meditativa como en tus sentimientos cotidianos, te darás cuenta de que esta equiparación se produce sin ninguna discriminación ni distinción. Este es el primer paso: verlos a *todos* como los amigos queridos que tendrás más adelante. En esta etapa inicial, el precio a pagar podría ser un ligero distanciamiento de las personas en general, pero la recompensa es una ecuanimidad que puede dar lugar a una compasión sin límites.

Mientras contemplamos y comparamos a los demás, es de suma importancia recordar que en ningún momento debemos dejar de observar nuestra propia conducta. Observa tu propia conducta mientras paseas por la calle y estoy seguro de que descubrirás que conectas con algunas personas y te retraes de otras. Este es un proceso continuo: sonreímos a un niño adorable que pasea en su cochecito, pero tratamos de apartarnos de los indigentes que nos piden unas monedas. Cuando desarrollamos esta meditación, estamos tomando muy en serio los diversos puntos de la ecuanimidad y estamos actuando con diligencia para ver los beneficios que ofrece el desarrollo de esta mente de ecuanimidad inconmensurable. Es necesario realizar este proceso paso a paso, siendo creativos en nuestras visualizaciones y en el desarrollo de un método que tenga sentido para nuestra mente personal. Sin embargo, este no es un proceso que adoptamos al comienzo de nuestra práctica y abandonamos después, sino que se trata de una secuencia de prácticas que nos resultarán útiles durante el resto de nuestra vida. Esa es la verdadera esencia del budismo y, desde esta ecuanimidad, podrán desarrollarse todas las demás grandes mentes.

3. LA RUTA INTUITIVA QUE CONDUCE A LA AUSENCIA DE EGOÍSMO

La mente principal de la bodhichita

> Al igual que el río hace con el mar
> Al igual que el mar hace con las nubes
> Al igual que las nubes hacen con la tierra,
> Así la bodhichita embellece el mundo[12].

Forma parte de la naturaleza humana que sintamos un profundo concierne por los demás. Sin embargo, muchos nos sentimos tan atrapados en nuestros propios problemas y deseos o por los de nuestros familiares, que nos queda muy poca energía para ayudar de manera significativa a los demás. El hecho de que estés leyendo estas palabras es un indicativo esperanzador de que has conseguido superar esa etapa y estás buscando activamente la manera de beneficiar a los demás. Maitreya dijo en uno de sus textos que el deseo de beneficiar a los demás y de desarrollar la paciencia es una señal de que se ha activado la naturaleza de Buda de una persona. Nuestra naturaleza de Buda, o potencial de Buda, es el amor y el entendimiento que se encuentra en el núcleo de nuestro ser, no corrompido por ninguna mente engañada. Por tanto, esta es una declaración edificante.

Muchas personas creen que el budismo es una filosofía maravillosa pero carecen de tiempo o de inclinación para examinarlo con profundidad. Los conceptos que son la base de la filosofía budista podrían parecer muy extraños para un mundo moderno, pero es evidente que tienen cierto atractivo para ti, ya que sigues leyendo, estudiando o meditando. Probablemente, en este momento estás comenzando a darte cuenta de que el desarrollo de la mente del despertar necesita mucho tiempo así que, mientras perseveras en su práctica, estás desarrollando paciencia y, de ese modo, estás cumpliendo verdaderamente uno de los requisitos de Maitreya para activar la naturaleza de Buda que existe dentro de todos nosotros. Eres muy afortunado por tener este tipo de inclinación para mejorar tu mente. Es algo poco frecuente y la causa de una inmensa alegría.

LOS DOS FACTORES MENTALES QUE COMPONEN LA BODHICHITA

La mente es una combinación de mente principal[13] acompañada de una serie de factores mentales que van unidos; y sucede lo mismo con la mente de la Iluminación. Se habla de la bodhichita como si fuera una sola mente, pero dentro de esa mente existen varios factores mentales. El texto seminal de Maitreya, *Ornamento de las comprensiones claras (Abhusamayalamkara)* se utiliza a menudo en los monasterios para el estudio del desarrollo de la bodhichita. En él se dice:

El cultivo de la mente de la Iluminación.
Es el deseo de alcanzar la Iluminación por el bienestar de todos los demás seres[14].

En este punto llegamos a comprender los dos factores mentales que se necesitan para desarrollar la bodhichita:

- La sincera aspiración para alcanzar la luminación
- La intención desinteresada para hacerlo por el bien de los demás

Cuando esas dos aspiraciones finalmente se llegan a unir de manera espontánea a través de las diversas técnicas de meditación, la mente resultante es la bodhichita.

Sin embargo, en un principio, estos dos factores mentales son débiles, parciales y ocasionales. Para desarrollarlos en fuerzas intensas, imparciales y continuas, y más adelante en la mente de la bodhichita, debemos recurrir a una metodología específica. Empleando los métodos que configuran la esencia central de este libro, es posible desarrollar estos factores mentales hasta el punto en el que realmente llegamos a experimentarlos.

Ambas aspiraciones son esenciales. Sin una mente altruista, no puede existir el deseo de alcanzar la Iluminación. Tal vez puede darse la liberación del samsara, pero no existe Iluminación. Y sin la motivación que proporciona el deseo de liberarnos del sufrimiento y la ignorancia, la mente que desea ayudar a los demás será bastante ineficaz. Sin embargo, independientemente del método que empleemos, la mente que desea beneficiar a los demás siempre precede a la mente que desea alcanzar la Iluminación. Beneficiar a los demás de la manera más inteligente posible es el objetivo y situarnos en el camino de convertirnos en seres iluminados es el medio de alcanzar dicho objetivo.

Pensemos en la obra de caridad que hacen algunas personas en el extranjero. En primer lugar, desarrollan el deseo sincero y desinteresado de ayudar a los habitantes de ese país en particular. A continuación, empiezan a preparar todo lo necesario para poder ayudarles: ahorran para pagar el billete de avión, se ponen en contacto con las embajadas, hacen acopio de alimentos y otros suministros, etc.

En nuestro caso, nosotros también debemos primero sentir el deseo de beneficiar a los demás. Por supuesto, cualquier cosa que hagamos por ayudar a los demás será positiva, pero también debemos ver, tras una profunda investigación, que estamos limitados hasta que hayamos desarrollado toda nuestra capacidad al máximo: en otras palabras, hasta que hayamos conseguido la plena Iluminación. Khunu Rimpoché afirma:

¿De qué sirve trabajar para que crezca un brote si
No disponemos de una semilla? ¿De qué sirve
Trabajar para obtener la Budeidad
Si carecemos de bodhichita?[15]

En este sentido, es casi como si la Iluminación fuera una consecuencia natural de la bodhichita. Aunque tenemos la aspiración de aportar un beneficio a los demás, descubrimos que nada, salvo la posibilidad de alcanzar la bodhichita y la Iluminación final, nos llevará más allá de ayudar de forma parcial a un número limitado de seres. En algún momento, llegamos a comprender que, aunque podemos sentirnos dichosos si somos capaces de dar unas cuantas monedas a un mendigo que viva en la calle, ahora estamos preocupados porque deseamos acabar completamente con la mendicidad de esa persona. Cuando profundizamos todavía más en la verdadera situación de todos los seres, nos damos cuenta de que necesitamos contar con métodos todavía más eficaces para aliviar realmente a todos los seres de su sufrimiento. En este nivel profundo, la única herramienta con la que contamos es disponer de una mente que esté totalmente libre de la ignorancia y de los engaños que ahora nos invaden. Esa es la segunda aspiración, tener una mente completamente libre de la confusión y de la ignorancia –poseer la Iluminación– para así poder ayudar completamente a la mayor cantidad de seres posible.

Cuando ambas aspiraciones se encuentran en una fase embrionaria, el deseo desinteresado puede ocurrir de manera espontánea, mientras que el deseo de alcanzar la Iluminación solo se puede generar con esfuerzo. En esa etapa, lo que experimenta el practicante se llama bodhichita *artificial,* en el sentido de que la mente de la Iluminación se manifiesta intensamente durante la sesión de meditación, pero se pierde cuando el practicante acaba dicha sesión. Cuando ambos se producen de manera espontánea, se llama bodhichita real o *no artificial.*

Por tanto, la bodhichita se considera una mente principal o primaria acompañada por dos factores mentales. Esto se refleja en la definición que aportó el erudito guelupa del siglo XVI, Panchen Sonam Drakpa:

[La bodhichita es] una consciencia principal especial
[mente primaria] que es la entrada al sendero mahayana

y que por el bien de los demás trata de alcanzar la Iluminación y comparte las similitudes con el deseo al que está asociado[16].

Cualquier acontecimiento mental posee una (y solo una) mente principal y diversos factores mentales, entre los que se incluyen los *cinco factores mentales siempre presentes*[17]. Estos factores son el contacto, el discernimiento, la sensación, la intención y la mente que se implica. Cada definición de la bodhichita la define como una mente principal acompañada de dos factores mentales, la intención de beneficiar a todos los demás seres y la intención de alcanzar la Iluminación por el bien de los demás. Cuando estas dos intenciones aparecen de manera espontánea en la mente principal, se alcanza la bodhichita.

Los siete puntos de causa y efecto

De igual manera que resulta imposible dar el salto de la guardería a una facultad universitaria en un solo paso, también es imposible desarrollar la mente de la bodhichita de manera instantánea a partir de la mente engañada y egoísta que actualmente poseemos. Estas etapas difieren. Dependiendo de si la mente tiende más hacia lo intuitivo o hacia lo intelectual, estas etapas podrían variar ligeramente. Se han desarrollado dos métodos principales para cultivar la bodhichita: los *siete puntos de causa y efecto* y *equipararse e intercambiarse con los demás*. El primero adopta un método más emocional y el segundo uno más intelectual. Como ya he dicho, años más tarde, los Maestros tibetanos han añadido un tercer método, que es la combinación de los dos anteriores.

El método de los *siete puntos de causa y efecto* apunta más a las personas que son capaces de comprender el concepto de que todos los seres conscientes son muy queridos para ellas y a desarrollar sentimientos a partir de esa base. Los siete puntos se encuadran dentro de tres categorías:

A: establecer la base para el desarrollo de la aspiración de beneficiar a todos los seres

1. reconocer que todos los seres han sido nuestras madres
2. recordar la bondad de todos los seres
3. decidir devolver su bondad

B: El método verdadero de cultivar la aspiración de beneficiar a todos los seres

4. amor afectuoso
5. compasión
6. intención especial

C: Cultivar la aspiración de alcanzar la Iluminación plena

7. generar la mente de la Iluminación

Cada punto es un tema de estudio y de meditación analítica, para ser asimilado en nuestra mente. Las tres primeras etapas cultivan un profundo sentimiento hacia todos los seres vivos, mientras que las tres siguientes ejercitan la mente con la intención de que trabaje para ellos de manera desinteresada. La séptima etapa en realidad es el resultado de las seis anteriores, la verdadera mente del despertar a la Iluminación.

ESTABLECER LA BASE PARA DESARROLLAR LA ASPIRACIÓN DE BENEFICIAR A TODOS LOS SERES

Todos los seres han sido nuestras madres

La primera etapa consiste en reconocer que todos los seres han sido nuestra madre en algún momento en el tiempo.

Esto solo puede entenderse sobre la base de la ecuanimidad hacia todos los seres vivos, de la que ya hemos hablado. Para aceptar esto, debemos permanecer muy abiertos y tener un profundo conocimiento de la existencia cíclica, viendo la manera de mantener relaciones no solo en esta vida, sino en innumerables vidas pasadas y que seguimos manteniendo los mismos tipos de relaciones en las incontables vidas futuras. Solo desarrollando un convencimiento de que hemos tenido un número infinito de vidas podemos asimilar que hemos tenido un número infinito de madres y, desde ahí, ver lo bondadosos que han sido todos los seres con nosotros en distintas etapas del tiempo.

Esto nos lleva a analizar la consciencia y su continuidad. El budismo afirma que ha habido infinitas vidas pasadas porque la continuación de la consciencia es infinita. Aunque va más allá del alcance de este libro profundizar en esta teoría, resulta vital para que comprendas que, si tienes dudas, deben resolverse antes de seguir avanzando. Si no se disipan, este punto, así como los demás seis puntos, se desmoronará.

Algunas personas afirman que la creencia en vidas pasadas y futuras no es más que un simple dogma religioso, y muy bien podría ser así. Pero en esta etapa no debemos preocuparnos por esto. Tanto si se trata de una creencia religiosa como de un hecho "demostrado" científicamente, si contradice completamente la realidad, podemos rechazarlo sin más preocupación.

Según el budismo, el fluido de la mente es continuo y un momento de mente es la causa del momento siguiente. Me doy cuenta de que, en este instante, mi mente es una continuación de la de ayer y la de ayer es una continuación de la de antes de ayer, remontándose hasta donde soy capaz de recordar. Sin embargo, más allá de nuestros recuerdos, ¿qué sucede? Se ha demostrado científicamente que, a los tres meses, los bebés poseen consciencia y emociones. ¿La mente se pone en marcha mágicamente en ese momento? ¿De alguna manera se crea a partir del cuerpo físico? ¿Hasta qué momento del pasado podemos retrotraerla? Aunque las distintas teorías científicas sobre el comienzo del universo puedan ser correctas, solo hablan del comienzo del universo presente y no del comienzo de la vida. Su Santidad el Dalai Lama afirma que no tiene ningún problema cuando los científicos hablan de la teoría del Big Bang, pero le gustaría preguntarles de *qué* Big Bang hablan.

Creo que a los científicos occidentales les resulta tan difícil demostrar que la vida tiene un comienzo, como a los budistas demostrar que no es así. No existe ninguna prueba concluyente, pero tenemos los doce vínculos del origen dependiente[18] para demostrar con total claridad la naturaleza cíclica e interminable de la vida y aceptar eso es aceptar que la vida no ha tenido un principio. Cualquier cosa que experimento en este momento es un resultado de algo –tiene una causa– y eso se aplica a mi cuerpo actual. En este momento, mi cuerpo podría ser el resultado de la unión del esperma y el óvulo de mis padres pero, ¿cuál ha sido la causa de ello? Si tienes alguna convicción sobre el karma, entonces tratar de determinar un punto de partida absoluto es un ejercicio fútil. Las cadenas de causa y resultado se retrotraen en el infinito.

No es necesario determinar que *este* ser en particular era mi madre en *aquel* momento, sino solo que no puede haber un ser que no haya sido mi madre y que, por lo general, el hecho de haberme dado la vida y haberme educado ha sido una muestra de increíble bondad.

¿Por qué es tan importante este primer paso? Si fuéramos indiferentes a alguien, resultaría difícil tener una mente que deseara ayudarlos. Eso es algo natural. Por otra parte, si tenemos una conexión, entonces resulta sencillo hacer algo. Y cuanto más próxima sintamos a una persona, más intenso será el deseo de ayudarla.

Por ejemplo, aunque mi madre vivía a cinco mil kilómetros de distancia, y aunque había muchas mujeres en Londres de la misma edad que pasaban por graves dificultades, cuando recibí la noticia de que mi madre se estaba muriendo, dejé todo lo que tenía entre manos y volví todo lo rápido que pude a casa para estar a su lado. No tuve la menor duda. Me sentí más próximo a ella simplemente porque era mi madre.

Generamos sentimientos de más cercanía hacia nuestras madres que hacia ningún otro ser. Y este sentimiento de amor, de afecto y de bondad que aparece de manera tan espontánea hacia nuestra madre es exactamente el tipo de sentimiento que necesitamos desarrollar hacia todos los seres vivos. Si tenemos siempre presente el sentimiento que albergamos hacia nuestra madre, y luego nos damos cuenta de que todos los seres han sido nuestra madre, es posible transferir ese amor y ese afecto a todos los seres.

Muchos grandes Maestros Kadampa han considerado que este es uno de los puntos más difíciles de todas las enseñanzas lamrim (el sendero gradual que conduce a la Iluminación). Sin embargo, independientemente de la técnica que empleemos para desarrollar la bodhichita, debemos seguir un método que cultive la mente que aprecie por igual a todos los seres. Esta técnica es el método más beneficioso y efectivo de todos. Una vez que estemos convencidos de que todos los seres han sido realmente nuestras madres, somos capaces de trascender el problema de si verdaderamente han sido bondadosos con nosotros y de practicar la compasión.

Recordar la bondad de los demás

"Todos los seres han sido mi madre en algún momento y, como consecuencia de ello, todos los seres han sido increíblemente bondadosos conmigo". Este es el segundo principio de razonamiento. Algunos se podrían preguntar por qué la madre se identifica en esta máxima. Por lo general, una madre y un hijo comparten un vínculo natural, y entre dos padres, por lo general es la madre la que acepta el papel de ofrecer afecto. Independientemente de si lo hace o no por instinto, existe ese deseo de cuidar del niño. La inmensa mayoría de esos miles de millones de madres que existen hoy en nuestro planeta albergan un sentimiento sincero que es incondicional y muy afectuoso, en el que aceptan gustosas la responsabilidad de ocuparse de la vida de sus hijos.

Posiblemente, tus padres no fueron unos padres perfectos –es posible que te hayan pegado y maltratado– pero no estarías vivo sin ellos. El hecho de que hayas alcanzado esta etapa de su desarrollo significa que te han demostrado gran bondad de una u otra manera. Estamos vivos y salimos adelante gracias al afecto que nos mostraron cuando nos encontrábamos en nuestra etapa de la vida en la que somos más vulnerables. Nuestras madres compartieron su cuerpo con nosotros durante nueve meses, poniendo en riesgo sus propias vidas para que hoy podamos estar aquí.

Por esa razón, usar a la madre como objeto es el principio más importante del razonamiento. Podríamos tratar de razonar que mantenemos relaciones estrechas con buenos amigos, pero si investigamos un poco, veremos que pocas de esas amistades son incondicionales. No hay nada malo en utilizar a los amigos para realizar esta meditación pero, para mí, usar a las madres tiene más sentido, porque puedo meditar en el modo que me han beneficiado a lo largo de las incontables vidas. Ahí hay algo que es más fuerte que cualquier amistad. Nagarjuna afirma:

La cantidad de leche que hemos bebido de nuestras madres es mayor que la cantidad de agua que hay en los océanos[19].

Por supuesto, nuestras madres son los principales ejemplos de la bondad de los demás, pero también podíamos fijarnos en qué personas hay a nuestro alrededor que continuamente hacen algo por nosotros. Desde el mismo momento en el que entramos en el útero de nuestra madre hasta el momento en el que el enterrador nos introduce en un ataúd, todos los rasgos de nuestras vidas han dependido completamente de los demás y, tanto si lo han hecho de forma consciente como si no, la bondad que se encuentra presente en sus actos es lo que nos mantiene vivos.

Incluso cuando abandonamos nuestro hogar y nos convertimos en seres "independientes", todavía somos completamente dependientes de los demás: de aquellas personas que han construido nuestra casa, de aquellas que conducen los autobuses, de aquellas que reparten alimentos en los supermercados. A muchos de esos "otros" nunca los hemos llegado a conocer, pero tienen la clave de nuestra supervivencia. Trata de elaborar una lista de todas aquellas personas que te han permitido existir hoy y verás que no habrá suficiente papel en el mundo (o memoria en tu ordenador) para completarla. Separa la motivación que achacamos a las acciones de los demás de la ayuda que realmente nos proporcionan. Por supuesto, existen dudas sobre si la mayoría de los seres que participan de nuestro universo están implicados directamente en nuestro bienestar pero, no obstante, resultan vitales para nuestra supervivencia y felicidad y, como tales, son infinitamente bondadosos.

Si esto te parece que es un poco un juego psicológico, por favor, recuerda cuál es la enorme meta final que pretendemos alcanzar: queremos desarrollar la mente de la Iluminación completamente abierta, la mente que trata de alcanzar la Iluminación para poder liberar del sufrimiento a todos los seres. Los seres que han alcanzado esta mente no lo han hecho de manera accidental, sino a través del desarrollo activo al máximo de una serie de cualidades positivas, creando todas las causas y las condiciones necesarias.

La literatura budista declara que, por lo que se refiere a la bondad, no existe la menor diferencia entre Budas y seres conscientes. Los Budas son infinitamente bondadosos en el sentido de que nos proporcionan las herramientas que necesitamos para desarrollar todo nuestro potencial, pero los seres conscientes son igualmente bondadosos en el sentido de que son la base sobre la cual utilizamos esas herramientas con el fin de desarrollar ese potencial. El Buda Shakyamuni nos dejó una serie de maravillosas enseñanzas para afrontar nuestro apego, nuestra aversión y nuestra ignorancia y para desarrollar amor, compasión y entendimiento. Pero sin los seres conscientes, no habría objetos de ese amor, de esa compasión o de ese entendimiento. Las enseñanzas de Buda serían inútiles.

Si quisiéramos erigir una estatua, necesitaríamos tanto las herramientas como la materia prima. De la misma manera, para alcanzar la Iluminación es preciso contar con herramientas (el Dharma) y la materia prima (los seres conscientes). Ambos son igualmente importantes y en su brillante texto, Shantideva afirma:

Por tanto, puesto que alcanzar las cualidades supremas
de Buda, es debido en gran parte, a los seres conscientes,
correcto es venerarlos[20].

Algunos podrían afirmar que amar a Buda y rechazar a los demás seres conscientes es una actitud un tanto hipócrita. La única preocupación de Buda es el bienestar de todos los seres. Declaramos ser sus seguidores y, sin embargo, no sentimos la menor preocupación por aquellas personas de las que él se preocupa. No solo estamos ignorando sus enseñanzas, sino que estamos siendo irrespetuosos con su principal ideal. Una analogía tibetana es aquella del Maestro espiritual y su amado perro. Él ama a su perro y cuida de él tal y como haría un padre con su hijo. Por una parte, reverencias a tu Maestro y sigues fielmente sus consejos pero, por otra, desprecias a su perro. ¿Te das cuenta de cómo esto podría proporcionarte cierta confusión emocional? Reverenciar a Buda y a sus enseñanzas y, sin embargo, ignorar el principio fundamental del budismo crea un conflicto mental.

Si declaramos ser seguidores de Buda y, sin embargo, rechazamos a los demás seres estamos siendo irrespetuosos con su principal ideal. Además, bloquear activamente el sufrimiento de los demás, que eso es lo que significaría, crearía un conflicto mental dentro de nosotros mismos y, en última instancia, acabaría con nuestro propósito de realizar un progreso espiritual.

Decidir devolver la bondad

Si todos y cada uno de los seres conscientes han sido nuestra madre y han hecho cosas increíblemente bondadosas por nosotros, entonces es natural que deseemos devolver esa bondad de alguna manera.

Aunque no existe ninguna diferencia entre yo y los demás, en el sentido de que ninguno de nosotros deseamos el sufrimiento y queremos la felicidad, existe una profunda diferencia en cuanto a los números. Yo soy uno; los demás son innumerables. Por tanto, mis necesidades y mis sufrimientos son completamente insignificantes en comparación con los de las masas. Tal y como afirma Su Santidad el Dalai Lama:

> Independientemente de lo importante que sea una persona, el interés de esa persona es solo el interés de un ser, mientras que el interés de los demás es el interés de un número infinito de seres[21].

Cuando hay uno solo –"yo"– aunque su vida sea un completo desastre, solo es la vida de una persona la que va mal. Es triste, pero podrían pasar cosas mucho peores. Cuando nos fijamos en el sufrimiento de los demás, no estamos hablando de cientos o de miles de personas, sino de miles y miles de millones. Si queremos desarrollarnos espiritualmente, necesitamos concentrarnos de manera natural en un bien superior. Ese instinto que nos lleva a colocar el "yo" en el centro es tremendamente limitador.

Si contemplamos, aunque sea durante un instante, lo insignificante que somos como individuos en comparación con todos los demás, nos daremos cuenta de cómo el ego esgrime un millón de argumentos perfectamente razonables sobre por qué *nuestro* sufrimiento es más importante que el de *ellos*. Puede parecer imposible que lleguemos siquiera a pensar en los demás como algo igual o más importante que nosotros.

De hecho, puede que veamos a la mayoría de los demás como obstáculos para alcanzar nuestro bienestar y para nuestra supervivencia, como competidores en esa porción del pastel que es la vida. Esto no es en absoluto cierto. Ellos son vitales para nuestro bienestar y para nuestra supervivencia y son la fuente de nuestra felicidad.

Teniendo esto en cuenta, es natural que debamos desear gratificar esa bondad y la mejor manera de conseguirlo es con la mente que desea alcanzar la Iluminación, en su *Lamrim Chenmo*, cuando se le pregunta cómo podemos devolver la bondad de los seres, Lama Tsongkhapa afirma:

> Independientemente de cuánta riqueza y felicidad obtengan tus madres en el ciclo de la existencia, todo eso las engaña. Debes devolver su bondad, pensando: "Antes, mis madres se sintieron profundamente heridas por culpa de las aflicciones que las dañaron. Además de eso, he infligido más sufrimiento a aquellas personas que ya estaban sufriendo penosamente, como si frotara sal en sus heridas abiertas. Ahora deseo [compensar eso] poniendo a estos seres conscientes [madres bondadosas], que me han ayudado tanto con anterioridad, en la dicha de la liberación, el nirvana"[22].

Desde mi propia experiencia, he descubierto que en este punto resulta muy útil recordar el segundo tema del que habla el lamrim, el precioso renacimiento humano. Existen seis mil quinientos millones de seres humanos en el planeta y todos ellos han sido bondadosos conmigo, pero dentro de esa inmensa cantidad, solo un pequeño porcentaje tiene una idea de cómo se desarrolla un buen corazón. Sin embargo, yo poseo todas esas capacidades, todas esas oportunidades, y todo este apoyo. Si realmente deseo devolver la bondad de los demás, este es el momento.

Tanto si alcanzo la Iluminación como si no, mi principal motivación es ayudar a los demás. Este es mi deseo pero, por supuesto, existen muchas circunstancias y hábitos mentales que actúan a modo de obstáculos. Si tratamos de desarrollar la mente altruista entonces, aunque la motivación de alcanzar la Iluminación debe estar presente en todo lo que hagamos, el producto final no es la única razón de nuestros actos. El proceso en sí –la verdadera ayuda que prestamos a los demás– también es una razón para hacer lo que hacemos. En última instancia, puedo ayudar a todos los seres siendo iluminado, pero consigo ser iluminado ayudando a tantos seres como pueda, en una escala tan grande como sea capaz. Lama Tsongkhapa afirma:

> Por tanto, para sentir afecto hacia todos los seres vivos, debes cultivar el sentimiento de que todos ellos están tan próximos a ti como tus amigos y parientes. Como tu madre es la persona a la que más quieres, cultiva la sensación de que todos los seres vivos son tu madre. Además, recuerda la inmensa bondad que te han mostrado como madres que son y, por tanto, cultiva el deseo de devolver esa bondad. A partir de estos tres pasos iniciales sobre cómo sentir afecto hacia todos los seres, el resultado es un amor hacia todos los seres vivos como una madre siente hacia su hijo único. A partir de este amor, emerge la compasión[23].

EL MÉTODO PARA CULTIVAR LA ASPIRACIÓN DE BENEFICIAR A TODOS LOS SERES

El cultivo del amor afectuoso

Existen dos rasgos en el cultivo del amor afectuoso. En primer lugar, se desarrolla un intenso sentimiento de proximidad hacia todos los seres vivos: los tres pasos de los que acabamos de hablar. A continuación, basándonos en esos avances, desarrollamos el intenso deseo de que todos los seres tengan felicidad y las causas de la felicidad.

Aunque la sección anterior demostró la secuencia fija de los acontecimientos que implican el cultivo de la proximidad hacia todos los seres, los dos primeros rasgos del cultivo de la aspiración de beneficiar a los demás seres —el amor y la compasión— no tienen una secuencia fija. Depende completamente de qué rasgo afrontemos en primer lugar. Si nos sentimos atraídos hacia ver cómo todos los seres desean disfrutar de una felicidad genuina y duradera y sus causas, pero carecen completamente de ella, entonces comenzamos esta fase de nuestra formación por el amor. Si, por otra parte, es el sufrimiento de los demás el que nos motiva a desarrollar una mente desinteresada, entonces comenzamos por la compasión.

Tal vez, deberíamos examinar qué es exactamente el amor y a quién deberíamos amar. Desde un punto de vista budista, el amor no es más que el deseo de que alguien sea feliz, nada más. En este ejercicio, tratamos de desarrollar amor hacia todos los seres vivos, nada menos. Si hemos alcanzado esta etapa de nuestra formación, entonces ya sentimos una profunda sensación de proximidad hacia todos los seres. En este momento podemos considerarlos a todos y generar el deseo de que alcancen una felicidad genuina y duradera, así como sus causas.

La felicidad tiene muchos grados. Para alguien que carece de amistades, encontrar personas con las que compartir sentimientos proporciona alegría y sensación de realización personal. Esto es la felicidad para esa persona, pero podemos ver fácilmente que es una felicidad temporal y parcial. Por supuesto, la felicidad temporal es importante en nuestras vidas en este momento ya que, después de todo, en esto es lo que la mayoría de nosotros invertimos gran parte de nuestro tiempo. Pero aquí deseamos alcanzar una felicidad que esté completamente desprovista de cualquier tipo de sufrimiento, incluso de la potencialidad del sufrimiento. Esto solo puede llegar a través de la cesación completa de todos los niveles del sufrimiento dentro de nuestra mente. Cuando eliminamos completamente y de raíz la ignorancia, esa cesación proporciona una felicidad genuina y duradera. *Debemos* incluir eso cuando meditamos sobre el amor. Y, por tanto, el *qué* de nuestra meditación es enorme, como es el *quién*, todos y cada uno de los seres conscientes.

Si estás acostumbrado a recitar la larga oración de los *cuatro inconmensurables*, entonces ya conocerás el proceso que se sigue para desarrollar amor afectuoso. Comenzamos con el pensamiento de que sería agradable: "Qué agradable sería que todos los seres conscientes tuvieran felicidad y sus causas". A continuación, hacemos que ese deseo sea todavía más intenso: "Ojalá tuvieran felicidad y sus causas".

Y, finalmente, llegamos a la siguiente ecuación. "Conseguiré que tengan felicidad y sus causas". Lama Zopa Rinpoche fortalece este último deseo un poco más añadiendo "por mí mismo". Con esta última aspiración, pasamos del simple deseo de que todos los seres conscientes tengan felicidad y sus causas al paso siguiente: que *solo* nosotros asumamos la responsabilidad de aportarles felicidad.

Aunque nuestro principal objetivo es el cultivo de una mente que desee genuinamente que todos los seres disfruten de una felicidad completa, y asumir la responsabilidad personal de que lo consigan, cuando se llega al momento del adiestramiento, en lugar de tomar a *todos* los seres vivos, elegimos a una persona en particular o a un grupo de personas y nos concentramos inicialmente en ellas. Lo lógico es hacer esto con un amigo y preparar nuestra mente para conectar con esa persona, pensando: "Qué bonito sería que esa persona fuera feliz". "Ojalá esta persona fuera feliz". "Voy a hacer que esta persona sea feliz". *Todos los seres conscientes* es un objeto demasiado general y nuestra meditación se podría colapsar fácilmente si tratamos de abarcar a todo el universo en nuestro amor durante esta etapa, así que sería conveniente comenzar dentro de los límites que estén a nuestro alcance y, a continuación, expandirlos lentamente. Sobre este tema, Lama Tsongkhapa afirma:

Siguiendo su discurso sobre la sabiduría, Kamalashila nos entregó un método para desarrollar poco a poco la ecuanimidad, el amor y la compasión, al mismo tiempo que distinguimos una serie de objetos específicos de nuestra meditación. Este punto es extraordinariamente importante. Si te formas en los métodos de la ecuanimidad, del amor y de la compasión utilizando desde el principio *únicamente* un objeto de meditación general en lugar de fijarte en uno específico, solo parecerá que generas esas cualidades, pero cuando trates de aplicarlas a seres específicos, no lo conseguirás. Sin embargo, al cultivar esas aptitudes en tu meditación hacia una persona, tal y como he explicado, puedes incrementar poco a poco el número de seres que visualizas hasta que, en última instancia, puedas abarcar a todos los seres como tu objeto de meditación[24].

La repetición continua proporciona familiaridad y la familiaridad fortalecerá nuestra mente, en lugar de enturbiarla. Necesitamos, una y otra vez, meditar sobre el primer punto: sería bonito que ellos fueran felices; y luego sobre el segundo ojalá fueran felices y una y otra vez sobre el tercero: voy a hacer que sean felices. Cuando contemplamos su estéril búsqueda de la felicidad, el amor emerge. Cuando hayamos desarrollado cierto grado de amor afectuoso hacia una persona o hacia un pequeño grupo de personas, entonces expandimos nuestro objeto de meditación hasta englobar a más personas, incluyendo poco a poco a aquellas que realmente nos han hecho daño y a aquellas a las que ignoramos, expandiéndonos cada vez más hasta que hayamos abarcado a todos los seres conscientes.

Con el tiempo, independientemente de los seres conscientes que aparezcan entre nosotros, esa misma sensación genuina de amor emergerá de manera natural.

El cultivo de la compasión

Con esta intensa sensación de proximidad hacia todos los seres vivos, es sencillo ver que, aunque nadie desea nunca el menor sufrimiento, todos estamos constantemente a merced de todo tipo de experiencias no deseadas, tanto pequeñas como grandes. E, incluso aquellas pocas personas que no sufren de manera manifiesta en ningún sentido, siempre existe la posibilidad de que aparezca el sufrimiento. Esta es una mera realidad de la naturaleza de la existencia condicionada en la cual todos vivimos. Comprender esto es el punto de partida de la compasión, porque junto a ese entendimiento y a la empatía que engendra llega el deseo de que esta condición del sufrimiento no exista. De igual manera que el amor es el deseo de que alguien sea feliz, la compasión es el deseo de que alguien se libere del sufrimiento.

Al igual que sucede con el amor, el objeto de nuestra compasión son todos los seres vivos sin excepción. El deseo compasivo no es solo que algunos seres (mis amigos) se liberen del sufrimiento, sino *todos* los seres. Eso debe quedar claro. Puede resultar abrumador cuando tenemos cierta idea de la escala de sufrimiento que existe en el mundo. Allá donde miremos, bajo el manto del bienestar o incluso de la felicidad, las personas arrastran consigo una enorme carga de desdicha potencial y manifiesta. Si analizamos en profundidad y preguntamos quién es en verdad completamente feliz, veremos el grado de engaño en el que todos vivimos.

Y, sin embargo, todo ser vivo posee el mismo derecho a ser feliz. Esa es la tragedia de la vida y esto es lo que nos impulsará realmente a hacer algo para cambiar esa situación. La ignorancia está causando su sufrimiento y los está atrapando, haciendo que sean incapaces de salir del círculo vicioso de causa y efecto y, por tanto, *yo* debo hacer algo para ayudarlos.

La fuerza de la compasión que cultivamos depende de la profundidad de nuestra comprensión de los niveles de sufrimiento soportados por todos los seres conscientes. Cuanto más completo sea nuestro conocimiento del samsara, más profunda y completa será nuestra compasión hacia todos los seres.

Lama Tsongkhapa divide su *Lamrim Chenmo* en tres "niveles" o motivaciones. El nivel inicial engloba las prácticas que proporcionan un mejor renacimiento, el nivel medio encierra las prácticas que nos liberarán de la existencia cíclica y el nivel superior abarca las prácticas que nos proporcionarán una Iluminación completa para poder liberar a todos los demás de su existencia cíclica.

La verdadera técnica para cultivar la compasión es parecida a la del cultivo del amor y contiene las tres mismas etapas de meditación. Al principio contemplamos un mundo en el que no existe el sufrimiento. A continuación pasamos a sentir un deseo de cesación del sufrimiento en todos los seres vivos. Y, finalmente, asumimos la responsabilidad personal de la cesación del sufrimiento de los demás, repitiendo: "Yo, y solo yo, haré que se liberen de todo tipo de sufrimiento".

Al igual que sucede con la verdadera meditación sobre el amor, es conveniente comenzar con una sola persona o con un grupo de personas y aplicar cada una de estas tres etapas y, a continuación, pasar a grupos de seres cada vez mayores hasta que abarquemos a todos los seres vivos.

Nuestro objetivo final es sentir compasión hacia todos los seres vivos, pero para hacer que nuestra formación sea real, debemos basarnos en los seres con los que ya tengamos una conexión estrecha y, a continuación, extender lentamente nuestro alcance. Lama Tsongkhapa nos aconseja:

> La manera de desarrollar compasión es la siguiente. Piensa cómo tus bondadosas madres que son los seres conscientes han caído en el samsara y están experimentando todo tipo de sufrimiento general y específico, tal y como ya he explicado. Si ya has desarrollado un entendimiento de tu propio sufrimiento general y específico formándote en el camino de la persona del nivel medio, y si a través de ello conoces a fondo cuál es tu propia situación, entonces serás capaz de desarrollar fácilmente compasión por los demás. Considerar tu propio sufrimiento desarrolla la determinación de estar libre; considerar el sufrimiento de los demás desarrolla compasión. Sin embargo, si no consideras primero tu propio sufrimiento, serás incapaz de alcanzar este punto vital[25].

La intención especial

Desarrollar la intención especial, el sexto punto, lleva el amor y la compasión hasta el punto que determinamos realmente a asumir la responsabilidad de los demás y ayudarlos verdaderamente de alguna manera. Con amor y compasión hemos tomado la firme determinación de asumir la responsabilidad personal hacia todos los seres; con la intención especial realmente hacemos algo para conseguirlo. Es como quedarse al borde de una piscina llena de agua muy fría. El amor y la compasión es la decisión de saltar y la intención especial es el salto en sí. (Debería añadir que tienes que imaginar que es un día de mucho calor, aunque la decisión resulta un poco difícil, el resultado es maravilloso).

Vemos la situación en la que se encuentran todos los demás seres y, de manera instintiva, hacemos lo que sea necesario para ayudarlos, cargando toda la responsabilidad sobre nuestros propios hombros. En esta etapa tan avanzada, la primera de las dos aspiraciones de la mente del despertar —la aspiración de ayudar a los demás— se produce de manera natural y espontánea, pero la segunda —la aspiración de alcanzar la Iluminación que nos ayude a conseguirlo— todavía no. Mientras medita en todo lo que se puede hacer para ayudar a los demás, el practicante ve que la Iluminación es el único camino. La segunda intención se encuentra completamente allí, en la sesión de meditación, pero fuera de la sesión todavía existe únicamente de manera conceptual. Por tanto, la mente de la bodhichita durante esta etapa se llama la *bodhichita artificial*.

CULTIVAR LA ASPIRACIÓN DE ALCANZAR LA ILUMINACIÓN PLENA

Los tres primeros de los siete puntos nos permitieron desarrollar una profunda cercanía a todos los seres y a partir de los tres siguientes hemos desarrollado el intenso deseo de beneficiarlos. Aunque podríamos poseer la inmensa mente que desea proporcionar la completa cesación de todo sufrimiento a todos los seres conscientes, todavía necesitamos desarrollar las habilidades necesarias para conseguir la medida plena. En esto consiste el proceso de cultivar la aspiración para alcanzar la Iluminación plena.

Las cualidades y habilidades necesarias para beneficiar a los seres de una forma completa y plenamente inclusiva también son inmensas: son, en resumen, los atributos de un Buda. Por tanto, resulta muy útil en esta etapa comprender realmente la esencia del cuerpo, de la palabra y de la mente de Buda, así como sus actividades iluminadas.

Si hemos estado desarrollando nuestras mentes de manera sistemática a través del aprendizaje que hemos descrito en las enseñanzas del lamrim, entonces uno de los primeros adiestramientos habría sido tomar refugio en Buda, en el Dharma y en la Sangha. Para encontrar refugio en Buda necesitamos conocer las cualidades incalculables de Buda. Además, cuando hacemos eso, llegamos a comprender que nosotros también tenemos la capacidad de alcanzar esas cualidades.

De igual modo, en esta última etapa en la que se alcanza realmente la mente de la Iluminación, comprendemos plenamente cuáles son las cualidades de una mente Iluminada y entendemos que poseemos la capacidad de actualizar esas cualidades. Tratamos por todos los medios de conseguir la capacidad de liberar a todos los seres no solo de un sufrimiento a corto plazo, sino también de todo sufrimiento a largo plazo, conduciéndolos de manera eficaz a la liberación. Por tanto, nosotros también necesitamos poseer todas esas cualidades que hemos visto en Buda. Cuando vemos esto, entonces hacemos todo lo que es necesario para convertirnos en un Buda.

El resultado

La velocidad de la bodhichita es el destello de un relámpago,
La profundidad de la bodhichita es la profundidad del
océano.

El límite de la bodhichita es la bóveda celeste.
La firmeza de la bodhichita es la montaña axial[26].

La verdadera consecución de la bodhichita se considera el séptimo de los siete puntos de causa y efecto pero, en realidad, no es una *causa*, sino el *resultado* de los seis pasos anteriores, que tienen lugar de manera natural cuando hemos completado los otros pasos. Cuando las dos aspiraciones tienen lugar de manera simultánea y somos espontáneos y fluidos, en ese momento nuestra mente se vuelve genuinamente bodhichita y nos convertimos en un bodhisatva, entrando en el camino del bodhisatva. A partir de ese momento, todas nuestras actividades relacionadas con el cuerpo, con el habla y con la mente se vuelven increíblemente significativas y todo lo que hacemos se convierte en una causa para alcanzar una Iluminación completa. Sobre esto, Shantideva afirma:

Desde ese momento en adelante.
Incluso mientras estamos dormidos o despreocupados,
Una fuerza de mérito igual al cielo.
Se sucederá de manera perpetua[27].

A partir de ese momento en adelante, nuestra mente está completamente imbuida con la bodhichita, llena de aspiración espontánea para hacer todo lo que sea necesario para liberar a todos los seres de todas las formas de sufrimiento. Todos nuestros esfuerzos han tenido sus frutos y ahora estamos equipados para hacer un trabajo ilimitado para los demás.

Hasta ese momento, no podemos siquiera afirmar que hemos estado en el sendero mahayana. Esta es la demarcación, cuando adquirimos la mente de la Iluminación. Lama Tsongkhapa afirma:

Por tanto, no es suficiente con que las enseñanzas sean solo enseñanzas mahayana. Lo que resulta crucial es que el practicante sea un practicante mahayana y, además, ser un practicante mahayana depende puramente de desarrollar la mente de la Iluminación. Por tanto, si solo posees un conocimiento intelectual de la bodhichita, entonces solo tienes un conocimiento intelectual de lo que supone ser un practicante mahayana. Por otra parte, si la mente de la Iluminación es completa y perfecta, entonces serás un practicante mahayana perfecto y completo. Trata siempre de esforzarte por esto[28].

Sin embargo, ese no es el final del proceso. Poseemos la mente espontánea y genuina de la Iluminación, pero no está desarrollada y es muy frágil. Todavía podemos perderla y, aunque ahora hemos alcanzado la aspiración completa de trabajar plenamente para los demás, esta aspiración todavía carece de la fuerza necesaria para que podamos realizar plenamente esta tarea. Aunque ahora somos capaces de ayudar a los demás en gran medida, nuestro objetivo es ayudar al máximo a *todos* los seres. Para alcanzar la etapa en la que podemos realmente realizar estos actos, necesitamos pasar desde la bodhichita que aspira a la bodhichita que se implica y, entonces, a partir de ahí, a la verdadera conducta del bodhisatva.

La ruta racional hacia la compasión

> Cuando camines, camina con la bodhichita.
> Cuando te sientas, siéntate con la bodhichita.
> Cuando te pongas de pie, hazlo con la bodhichita.
> Cuando duermas, duerme con la bodhichita.
>
> Cuando mires, mira con la bodhichita.
> Cuando comas, come con la bodhichita.
> Cuando hables, habla con la bodhichita.
> Cuando pienses, piensa con la bodhichita[29].

El segundo método para desarrollar la bodhichita es *igualarse e intercambiarse con los demás*. Tal y como sucede con el primer método, hay una serie de etapas por las que podemos atravesar. Estas etapas son:

- igualarnos con los demás.
- intercambiarnos con los demás.
- tomar y dar.

Existen otros dos pasos que a menudo se incluyen después del paso de igualarnos con los demás: contemplar las desventajas que tiene la mente egoísta y observar las ventajas que ofrece poseer una mente que aprecia a los demás. Pero, como estas se encuadran de manera natural dentro de los encabezados más amplios, y como ya las hemos visto en las secciones anteriores, no las incluiré aquí.

Tradicionalmente, se ha dicho que este método está destinado a practicantes de alta capacidad, mientras que el método de los siete puntos está dedicado a personas que tienen una baja capacidad, pero tengo la sensación de que estos términos pueden dar lugar a confusión si se toman fuera de su contexto. Los términos "alta" y "baja", capacidad se refieren a los diversos acercamientos a esta materia, y no a un sentido de camino superior e inferior.

Para aquellas personas que se sientan cómodas con igualarse e intercambiarse con los demás, el punto de partida consiste en ver que no existe diferencia entre uno mismo y todos los demás seres y que, por tanto, de igual manera que nos sentimos naturalmente próximos a nosotros mismos, también deberíamos sentirnos naturalmente próximos a todos los demás. Por otro lado, si el sufrimiento de los demás es el detonante natural para desarrollar la bodhichita, la técnica de siete puntos suele funcionar mejor. Todos tenemos inclinaciones distintas y a cada uno le funciona mejor una cosa distinta, así que la capacidad "superior" e "inferior" se refiere a estas dos predisposiciones, en lugar de grados de inteligencia.

Igualarnos e intercambiarnos con los demás hace uso del convencimiento de que la diferencia que existe entre "uno mismo" y los "demás" no es más que una etiqueta impuesta sobre los agregados y, por tanto, la división entre uno mismo y los demás es ficticia. Además, este segundo método hace hincapié en el hecho de que el trabajo que hacemos por los demás no solo se lleva a cabo por su beneficio, sino también porque es contraproducente *no* trabajar para ellos.

Si tuviera que decir si la bodhichita en sí es emoción o intelecto, diría que es emoción. Eso no significa que esté despojada de sabiduría, pero de las dos categorías, exhibe las cualidades indicativas de una respuesta emocional, más que la de una investigación intelectual. Por tanto, desarrollar este tipo de mente emocionalmente parece ser más natural que desarrollarla primero intelectualmente y, a continuación, avanzar hacia una respuesta emocional. Igualarnos e intercambiarnos con los demás podría ser un acto más racional y, por esa razón, tiene más sentido para nosotros, pero la mente intelectual es una mente racional y necesitamos algo más que la pura lógica para generar la bodhichita. La afirmación de que "dos más dos igual a cuatro" tiene sentido en nuestra cabeza, pero no necesariamente supone una implicación emocional o un sentido de responsabilidad. Empleando este método, nuestra mente podría quedarse atrapada en una serie de explicaciones racionales y ser incapaz de espolearnos hacia la implicación emocional para poner en marcha la mente de la Iluminación.

Al utilizar los siete puntos de causa y efecto, un practicante podría desarrollar una verdadera bodhichita y, sin embargo, no tener un entendimiento completo del vacío. Sin embargo, al igualarse e intercambiarse con los demás, un practicante debe alcanzar cierto entendimiento del vacío antes de obtener la bodhichita –la técnica exige eso– y ese entendimiento debe ser al menos un entendimiento conceptual muy sólido; por esa razón, esta técnica se considera altamente avanzada.

Solemos poner de manera natural el "yo" en el centro de nuestra vida como la cosa más importante que hay en ella. Eso es algo perfectamente normal y la sociedad cree que es la forma correcta de comportarse. Esta técnica de igualarnos primero e intercambiarnos después con los demás es una forma muy inteligente de invertir ese rasgo natural, pero pernicioso, que tanto nos domina.

Igualarnos con los demás

En *Una guía a la forma de vida del Bodhisatva*, Shantideva afirma:

En primer lugar, debería hacer un esfuerzo
Para meditar sobre la igualdad entre yo y los demás:
Debería proteger a todos los seres tal y como lo hago
Conmigo porque todos somos iguales en (desear) el placer
Y (no desear) el dolor.

Aunque hay muchas partes y rasgos distintos como la
mano; como cuerpo que debe ser protegido todos son uno.
De igual modo, todos los distintos seres conscientes en su

placer y en su dolor tienen el deseo de ser felices, que es el mismo que el mío[30].

La "equiparación" en igualarse y cambiarse uno mismo con los demás es un tipo de ecuanimidad, pero no es lo mismo que la mente de ecuanimidad inconmensurable de la que he hablado antes. En cierta manera, esta mente es todavía más profunda.

La ecuanimidad inconmensurable es la mente que está al menos libre de apego y de aversión burda hacia todos los seres vivos, con independencia de cómo nos hayan tratado. Desde nuestra propia perspectiva, no existe apego hacia un grupo de seres conscientes ni hostilidad hacia otro grupo, tampoco hay indiferencia hacia aquellas personas que ni nos ayudado ni nos han hecho daño. Si conseguimos estar completamente libres de esas tres emociones respecto a *todos* los seres vivos, hemos alcanzado una ecuanimidad inconmensurable.

Esta es la base para cultivar la práctica de igualarse uno mismo con los demás. Ambas mentes se denominan *ecuanimidad*, pero existe una diferencia. Mientras que la ecuanimidad inconmensurable es la mente que se encuentra libre de esas tres emociones, pero con un sentido permanente de separación entre el "yo" y los "seres" hacia los que siento las mismas emociones, equipararse con los demás es la mente que siente que no existe dicha separación. Con esto, no quiero decir que exista la "no separación" en el sentido de que solo exista una entidad en el universo, sino en el sentido de que somos completamente iguales a los demás. Por decirlo de una manera sencilla, la ecuanimidad inconmensurable es la sensación de igual emoción respecto a los demás; igualarse con los demás es la sensación de que no existe diferencia entre nosotros y los demás.

Esto es un proceso mental; estamos cambiando nuestra actitud, pasando de colocar en primer lugar y de manera natural nuestro propio bienestar a prestar la misma atención a nosotros mismos y a los demás. De preocuparnos por nosotros mismos e ignorar a los demás, llegamos a un estado de equilibrio en el cual prestamos la misma atención a los demás que a nosotros mismos, porque esa separación del *yo* del *ellos* ahora ha desaparecido. Ese el tipo de equiparación de la que estamos hablando.

COMPRENDER EL SUFRIMIENTO

Hasta que no veamos la profundidad de la ignorancia y del engaño que existe en nuestra mente, no seremos capaces de comprender la profundidad del sufrimiento de los demás y, de la misma manera, hasta que no hayamos eliminado completamente esa ignorancia y ese engaño, no tendremos la habilidad suficiente para ayudar a los demás a lograr lo mismo.

Por tanto, el conocimiento de las cuatro nobles verdades —especialmente de las dos primeras, la verdad del sufrimiento y la verdad del origen— es crucial para igualarnos a los demás. Cuando conozcamos la profundidad de nuestro propio sufrimiento y sus causas, seremos capaces de ver que todos los demás están sufriendo de la misma manera. Si podemos ver con claridad que estamos atrapados en una existencia condicionada, controlados por nuestras tendencias habituales, entonces nos resultará muy sencillo extender ese concepto y ver que todos los demás seres son iguales. En resumen, para generar la mente capaz de ver que somos completamente iguales a todos los demás seres, necesitamos comprender y afrontar nuestro propio estado mental actual. Eso no es egoísmo, sino todo lo contrario. Tal y como afirma Lama Yeshe:

Sé sabio. Trátate a ti mismo, a tu mente con comprensión, con afectuosa bondad. Si eres bueno contigo mismo, te volverás bueno con los demás.

¿Nuestra existencia presente es deseable o indeseable? ¿Está completamente libre de estar condicionada por factores externos? Si investigamos estas cuestiones empleando las herramientas que nos entrega el budismo, podemos ver de manera sencilla que nuestra vida está condicionada y que no disfrutamos de una verdadera libertad, que experimentamos buenos y malos momentos sin ningún control. El futuro es incierto y así seguirá siendo mientras continuemos dominados por el vaivén del engaño y de las emociones dolorosas.

Si somos capaces de ver eso claramente por nosotros mismos, entonces también podremos ver que, por supuesto, todos los demás seres se encuentran en el mismo estado y esto nos conducirá de manera natural a un sentido de compasión hacia todos los demás. Si esto es así en mi caso, entonces lo será también en el caso de todos los seres vivos.

La felicidad que normalmente sentimos, desde el punto de vista del budismo, es terrenal o, por decirlo más correctamente, es una felicidad *relativa*. Es relativa en el sentido de que nos sentimos felices gracias a la reducción de algunos tipos de dificultades. Cuando tomamos un analgésico para combatir un intenso dolor de cabeza y obtener alivio, esa sensación no es una felicidad verdadera porque no emana de las causas de la felicidad, sino de la reducción del sufrimiento.

Esto es lo que ocurre con muchas cosas que sentimos de manera instintiva que son verdadera felicidad. Por ejemplo, para la mayoría de nosotros, la idea de unas vacaciones está íntimamente conectada con la felicidad. Estar tumbados en la playa, pasear por la montaña, etc., podrían ser una actividad relajante y agradable, pero si la analizamos, para la mayoría de nosotros no es más que una ausencia temporal del sufrimiento que nos produce la vida cotidiana.

Necesitamos explorar y reconocer verdaderamente que esto es así antes de poder empezar a comprender que los demás también tienen una mezcla de felicidad y de tristeza, y el mismo anhelo de felicidad y de evitar el sufrimiento. Si lo analizamos, veremos que no existe la menor diferencia entre nosotros y todos los demás.

Hace tiempo me fui a hacer un chequeo rutinario y en la sala de espera del hospital había muchas revistas. En la mayoría de ellas aparecían personas muy elegantes: sus enormes mansiones, sus parejas y sus estilos de vida. Las personas sienten fascinación por la vida de los famosos, pero si profundizamos un poco, veremos que sus vidas son en gran medida muy parecidas a la nuestra, con momentos buenos y malos similares a los nuestros. Puede que tengan parejas muy atractivas y mansiones magníficas, pero una pareja atractiva implica más celos y una casa más grande con más posesiones despierta más miedo a que entren los ladrones. Así es como sucede.

Estas fluctuaciones que todos experimentamos pueden guardar relación con distintos objetos –diferentes vacaciones, diferentes parejas, diferentes empleos– pero la mente que se ocupa de ellos es, en el nivel básico, completamente igual. En este nivel, el mundo está formado por distintos objetos y diferentes emociones experimentadas por distintas personas, pero en un nivel más profundo, todos pasamos por las mismas cosas.

LA IGUALDAD DE TODOS LOS SERES

Esta equiparación nos enfrenta con el hecho de que, de ninguna manera, somos superiores o inferiores a cualquier otro ser vivo, ni en nuestra capacidad ni en nuestro derecho a experimentar felicidad o a liberarnos del sufrimiento. Pero para poder ser eficaces, durante esta etapa este conocimiento necesita hacerse más experiencial.

El budismo proclama firmemente esta igualdad fundamental, pero si después de realizar una exploración llegamos a descubrir que todos los seres *no* son iguales en este nivel más profundo, entonces toda esta técnica se vendría abajo. Por tanto, debemos estar completamente seguros. Los textos citan tres razones principales para la igualdad de todos los seres:

- todos los seres desean evitar el sufrimiento
- todos los seres desean tener felicidad
- todos los seres carecen de felicidad

Además, son iguales en el sentido de que, para todo el mundo:

- la causa del sufrimiento se puede eliminar
- la capacidad para disfrutar de una felicidad completa se puede lograr

La primera manera de reconocer que todos los seres son iguales es viendo que todo el mundo siente el deseo natural de evitar el sufrimiento. Si examinamos esto a fondo, la conclusión natural es que, independientemente de cómo se manifieste el sufrimiento en los distintos seres, sigue siendo sufrimiento, y todos los seres desean por igual liberarse de él. Por tanto, cuando meditemos sobre este punto, necesitaremos tener un entendimiento claro de la raíz del sufrimiento y de las múltiples formas en las que se convierte en los distintos sufrimientos que todos experimentamos.

En un nivel todavía más profundo, todo sufrimiento tiene causas que se pueden eliminar y, por tanto, todos los seres son verdaderamente capaces de liberarse del sufrimiento. En ese sentido, también somos todos completamente iguales. En *Transformando la mente*, Su Santidad el Dalai Lama afirma:

Esta aspiración básica [liberarse del sufrimiento] emerge en nosotros simplemente en virtud del hecho de que somos seres conscientes. Junto a esta aspiración aparece una convicción de que yo, como individuo, tengo un legítimo derecho a cumplir mis aspiraciones. Si acepto esto, entonces puedo relacionar el mismo principio a los demás y me daré cuenta de que todos los demás también comparten esta aspiración básica. Por tanto, si yo como individuo tengo derecho a cumplir mi aspiración, entonces los demás también tienen el mismo derecho a cumplir los suyos. Sobre esta base uno debe reconocer la igualdad fundamental de todos los seres[31].

De la misma manera, necesitamos comprender que todos los seres son iguales a la hora de sentir el deseo de tener felicidad. No solo es la motivación dominante de todas las acciones realizadas por cada ser consciente, sino en un nivel más profundo es algo que se puede conseguir. Todos los seres poseen la misma capacidad de actualizar una felicidad completa y perfecta; la semilla para conseguir ese tipo de felicidad se encuentra de forma innata en nuestro interior.

Los textos tradicionales utilizan el término *innato* de manera estratégica. Normalmente, en la tradición Guelug, la tradición monástica bajo la que yo me formé, el término *innato* se refiere a algo que existe de forma inherente y, por tanto, es un término que necesita ser refutado. Sin embargo, aquí el término *innato* sugiere que se encuentra dentro de nosotros en un nivel muy profundo de nuestro ser y, como tal, es lo más próximo posible a algo inherente o intrínseco.

Como analogía, podemos establecer una diferencia entre un bosque creado por el hombre y uno natural. Un bosque creado por el hombre es un bosque, pero como ha sido creado por los seres humanos, no se puede afirmar que sea natural o inherente. Pero entonces, ¿a qué nos referimos cuando hablamos de un bosque *natural*? Su existencia todavía depende de la lluvia, del suelo y de componentes parecidos, así que, aunque es independiente de los seres humanos, todavía depende de otros factores. Aquí sucede lo mismo con la capacidad para disfrutar de una felicidad perfecta: depende de una serie de causas y condiciones, pero es innata en el sentido de que es una parte natural y elemental de nuestro ser.

Este es un dogma budista fundamental que hace que el budismo probablemente sea la religión más optimista. Si quitamos todas las capas del engaño que actualmente nublan nuestra mente, lo que queda es una mente pura y liberada, llena de amor y de entendimiento completo, nuestra naturaleza de Buda. Esto es algo que todos y cada uno de nosotros podemos experimentar.

Es importante practicar la contemplación y la meditación en estos puntos, llegando finalmente a cultivar la sensación de que no existe diferencia haya lo que haya entre nosotros y los demás tanto en la felicidad que anhelamos como en el sufrimiento que deseamos evitar. Necesitamos contemplar por qué actualmente trabajamos únicamente para nuestra propia felicidad y no para la de los demás y, de la misma manera, por qué trabajamos únicamente para acabar con nuestro propio sufrimiento y no con el sufrimiento de los demás.

Si consideramos profundamente estos puntos, veremos que nuestro egoísmo presente es completamente infundado. Tal y como dijo Shantideva:

> Cuando tanto yo como los demás
> Somos similares en el sentido de que deseamos ser felices,
> ¿Qué tengo yo de especial?
> ¿Por qué me esfuerzo por conseguir solo mi felicidad?
> Y cuando tanto yo como los demás
> Somos similares en el sentido de que no deseamos sufrir,
> ¿Qué tengo yo de especial?
> ¿Por qué me protejo a mí mismo y no a los demás?[32]

El último sentido en la cual todos los seres somos iguales es que, aunque ellos (al igual que nosotros) desean por todos los medios la felicidad y tenemos la capacidad para conseguirlo, ellos carecen de ella como consecuencia de la ignorancia de sus causas y condiciones. En este sentido, nos estamos refiriendo, por supuesto, a la felicidad duradera, a la felicidad que no va a cambiar por efecto de las circunstancias externas. Como seres conscientes no iluminados que somos, sin duda carecemos de ese tipo de felicidad.

Buda afirma que todos los seres vivos disfrutan del mismo derecho a poseer la felicidad y a evitar el sufrimiento, pero si lo pensamos, es obvio que nuestra disposición normal no sigue este patrón y tenemos la sensación de que los demás *no* tienen el mismo derecho a disfrutar la felicidad que nosotros. Cuando llegamos al último asiento del autobús, está claro que *yo* tengo más derecho a sentarme que *tú*. Esa es la mentalidad que necesitamos cambiar completamente, reduciendo la preocupación egoísta hasta que finalmente la llegamos a eliminar.

Nosotros sufrimos; los demás sufren. Deberíamos trabajar con diligencia para eliminar el sufrimiento simplemente porque es sufrimiento, no porque sea *nuestro* sufrimiento o *su* sufrimiento y, sin lugar a dudas, no deberíamos tratar de eliminar nuestro propio sufrimiento a expensas de la felicidad de los demás. De igual modo, deberíamos tomar la decisión de aumentar la felicidad en nosotros mismos así como en los demás simplemente porque es felicidad, y no sobre la base de a quién le pertenece. Debería ser el objetivo de nuestra búsqueda espiritual y, por tanto, trabajar igualmente hacia la felicidad, tanto la nuestra como la de los demás. Igualarse a los demás implica este tipo de adiestramiento. Shantideva afirma:

> Por tanto, debería acabar con la miseria de los demás.
> Porque es sufrimiento, al igual que el mío.
> Y debería beneficiar a los demás.
> Porque son seres conscientes al igual que yo[33].

Intercambiarnos con los demás

DAR UN VUELCO A NUESTRO EGOCENTRISMO

La parte de esta técnica que consiste en *intercambiarse con los demás* no consiste en convertirse en otra persona. No adoptamos otra identidad ni nos transformamos en otro cuerpo, como en una película de terror de Hollywood. Experimentamos un cambio, y cambiamos profundamente, pero es nuestra actitud la que cambia y el "intercambio" es una sustitución de la preocupación que nos dedicamos a nosotros por una preocupación por los demás. Consiste en dar un vuelco completo a nuestras actitudes, hábitos, conductas y estilos de vida actuales, hasta que no exista diferencia entre cómo nos comportamos con nosotros mismos y cómo nos comportamos con los demás.

Y, por tanto, decididos a cambiar nuestra mentalidad habitual para realmente ocuparnos de los demás (y proporcionarnos a nosotros mismos felicidad como efecto secundario), necesitamos encontrar un método eficaz para conseguir esto.

Después de haber pasado toda la vida manteniendo una actitud egocéntrica, puede resultar preocupante plantearse renunciar a ella. Esa es la mente que de forma continua y obsesiva ha trabajado para alcanzar nuestra propia felicidad e, independientemente de lo mucho que tratemos de convencernos de manera lógica de que es una mentalidad negativa que solo nos hará ser más infelices, es la única mentalidad que conocemos. De la misma manera que algunas personas se vuelven dependientes de las relaciones abusivas, aunque sepan lógicamente que son muy perjudiciales, podemos *saber* que la mente egoísta es perjudicial y, sin embargo, abrazarla como si fuera una amante.

No existe un remedio sencillo para esto. Somos seres lógicos y necesitamos profundizar más y más en el entendimiento racional hasta que tenga algún efecto en nuestro modo de vida. Para ello, es posible que necesitemos mucho tiempo.

Una de las cosas que podemos hacer es sopesar ambas formas de pensar, la egocéntrica y la mente que aprecia a los demás, y ver la diferencia. Desde los tiempos inmemoriales, hemos seguido a nuestra mentalidad egoísta como hacen los seguidores de un dictador, siguiendo con diligencia a cualquiera que nos marque el camino. Tras prometernos felicidad, lo único que ha hecho ha sido encerrarnos en una ronda interminable de existencia condicionada. Estamos sedientos y nos da de beber agua salada. Queremos satisfacción y lo único que nos da es un la consecución temporal de un pequeño placer, que nos deja insatisfechos y con ganas de más.

Aunque hayamos tenido éxito en los negocios o en nuestras relaciones, todavía ansiamos disfrutar de más. Nuestros éxitos y nuestras posesiones nunca son suficientes. Trabajamos increíblemente duro, tanto física como mentalmente, año tras año, sin conseguir nada que se asemeje a la satisfacción, por no hablar de una felicidad duradera. Dejando a un lado el éxito material, como la adquisición de dinero y posesiones, o el frágil sentido de seguridad que puede proporcionar un hogar o una relación, la mayoría de nosotros somos como indigentes cuando estamos medidos según la cantidad de felicidad que albergamos en nuestro corazón. Este es el resultado de estar esclavizados por la mente egocéntrica. Shantideva afirma:

Como consecuencia del deseo de beneficiarte a ti mismo,
Oh mente, todas las fatigas por las que has pasado
A lo largo de innumerables eones.
Solo han conseguido proporcionar miseria[34].

Si examinamos nuestra vida diaria, veremos que la mayoría de nuestras dificultades mentales proceden de la mente egocéntrica. Esta mentalidad estrecha, con sus estrechos hábitos y sus actitudes estrechas, nos lleva a una situación tras otra donde lo único que se encuentra es la frustración y el sufrimiento. Si no somos capaces de dar un vuelco a esta actitud, seguiremos teniendo que soportar estas dificultades, un día tras otro, un mes tras otro, un año tras otro, una vida tras otra.

Si esto es así, y si hemos sido engañados durante mucho tiempo por este traidor, ¿por qué nos asustamos tanto cuando comenzamos a descartar esta mente? Esto se debe únicamente al poder de la relación a largo plazo que hemos mantenido con esta mente. No tenemos ninguna noción de la existencia de la mente que aprecia a los demás, que está presente todo el tiempo dentro de nosotros. Nuestra perspectiva estrecha rechaza reconocerlo.

Si echas la vista atrás en tu vida, verás que esto es cierto. Me sorprendería mucho que no fueras capaz de recordar algunos incidentes donde has tendido espontáneamente la mano a los demás. Si alguna vez has ayudado simplemente por el hecho de ayudar, sin ningún deseo de obtener recompensa, entonces estoy convencido de que la experiencia te habrá dejado la mente ligera, libre y, por encima de todo, feliz. Tan simple como eso. El dictador, la mente egocéntrica, promete felicidad y proporciona sufrimiento; la mente que aprecia a los demás proporciona felicidad. Si un pequeño acto de altruismo puede proporcionar alegría, imagina cómo nos cambiaría la vida si invirtiéramos toda nuestra energía en desarrollar la mente que verdadera aprecia a los demás.

El beneficio a largo plazo de este tipo de mente es la Iluminación, pero incluso en un nivel mundano existen muchos beneficios por desarrollar una mente que aprecia a los demás. Muchos de nuestros problemas cotidianos, especialmente nuestros miedos y nuestras ansiedades mentales, se reducirían si comenzamos a trabajar para los demás. El cultivo de la mente que realmente piensa en el bienestar de los demás incluso beneficia a nuestra salud. En la actualidad, sabemos que padecer una tensión sanguínea alta y otras enfermedades está asociado a la ira. En su maravilloso libro, *Transformando la mente*, Su Santidad el Dalai Lama habla de una conferencia sobre medicina a la que asistió:

Una conclusión [de un psicólogo participante] que se consideró casi incontestable era que parecía existir una correlación entre la muerte prematura, la tensión sanguínea elevada y las enfermedades cardiacas por una parte y un uso desproporcionadamente elevado de los pronombres de primera persona ("yo", "mí" y "mío"). Me pareció que este descubrimiento era muy interesante. Hasta los estudios científicos parecen sugerir que existe una correlación entre el excesivo egocentrismo y el daño a nuestro bienestar físico[35].

El hecho de que nuestro propio bienestar reciba cuidados de manera natural cuando lo ignoramos por el bienestar de los demás podría parecer una paradoja, pero nos están presentando pruebas lógicas que indican que esto es así. Como ya he dicho, esos estados mentales de altruismo atacan directamente a nuestro propio apego, a nuestra aversión y a nuestra ignorancia y, por tanto, si reducimos nuestros propios engaños, nos aseguramos automáticamente nuestro propio bienestar. Si pasamos una hora de nuestro tiempo ayudando a los demás, podríamos descubrir que tenemos menos tiempo para nosotros mismos o si nos entregamos a las obras benéficas, podría quedarnos menos dinero al final de mes. Algunas dificultades superficiales pueden aparecer cuando tratamos activamente de ser menos egoístas, pero en un nivel más profundo, especialmente en un nivel psicológico, los beneficios no se detendrán. A largo plazo, son enormes. Shantideva afirma:

Si no intercambio mi felicidad
Por el sufrimiento de los demás,
No alcanzaré el estado de Budeidad.
Y en el ciclo de existencia no gozaré de alegría[36].

En cierto sentido, esta etapa es el momento crítico de nuestra vida: de hecho, lo es de todas nuestras vidas. Es el punto donde damos un vuelco de 180 grados a la enorme fuerza implacable del yo y dejamos de concentrarnos en nuestra preocupación por el yo, y, en su lugar, nos concentramos en todos los demás.

DECIDIR SER DESINTERESADO

Tenemos que ser realistas sobre la cantidad de cosas que podemos conseguir, tanto a lo largo de un día como a lo largo de toda nuestra vida. Sin una preparación mental adecuada, ocuparse de los demás se convierte en una fachada y la mente egocéntrica suprimida se manifestará de una manera u otra. No nos limitamos a ignorar o a evitar a los demás hasta que seamos capaces de acabar completamente con esta actitud egoísta, sino que debemos tener cuidado de actuar de manera inteligente, de tal modo que evitemos la "fatiga de la compasión" y el hastío que con tanta frecuencia se da dentro de las profesiones en las que se ofrecen cuidados a los demás.

En los votos del bodhisatva existe un compromiso en particular contra hacer algo para lo que no estás preparado, aunque resulte beneficioso para la otra persona. Por ejemplo, si entregas tu cuerpo físicamente antes de estar preparado mentalmente, habrás quebrantado un voto. Probablemente ninguno de nosotros nos encontramos en la etapa en la que podríamos trocearnos un brazo para dar de comer a un animal hambriento pero, en un nivel mucho más mundano, estoy seguro de que todos hemos experimentado algún momento en el que hemos sobrepasado los límites de nuestra generosidad y sentido la tensión de la mente que produce. De eso es de lo que nos protegen los votos. Si entregar una pequeña moneda a un mendigo es todo lo que somos capaces de hacer en este momento, entonces eso es lo que deberíamos darle, en lugar de vaciar nuestra cartera y, seguidamente, arrepentirnos de nuestros actos. Cambiar la mente, haciendo que pase de idolatrar al yo a apreciar a los demás es un proceso largo, que implica cierta conciencia y consideración por nosotros mismos, así como por los demás.

Y aunque ello es un adiestramiento mental, los actos que son verdaderamente desinteresados también son importantes. Para caminar, no podemos levantar los dos pies al mismo tiempo; para desarrollarnos espiritualmente, necesitamos trabajar al mismo tiempo tanto nuestra parte física como la mental, desarrollando un poco la mente y, a continuación, expandiendo la ayuda que prestamos a los demás.

Y, por tanto, nuestro trabajo a partir de ahora consiste en transformar la mente que está habituada a ser egoísta por una que esté habituada a preocuparse por los demás.

Puedes probar esto con un sencillo experimento que mi Maestro me enseñó mientras todavía me encontraba en el monasterio. Coge dos cacerolas y una pila de guijarros. Cuando tengas un pensamiento egocéntrico, introduce los guijarros en la primera cacerola. Cuando tengas pensamientos que estén relacionados *puramente* con el bienestar de los demás, métolos en la segunda cacerola. En mi caso, aquel experimento supuso toda una revelación. En la actualidad tenemos juegos en el teléfono móvil o en el ordenador, así que juega con ellos de la misma manera. Estoy seguro de que descubrirás, al igual que hice yo, que al final del día no habrá nada en la caja de los "otros".

Otro experimento consiste en fluctuar entre la mente egoísta y la mente desinteresada de manera deliberada y observar los resultados. Decide durante un día ser completamente egocéntrico en el trabajo y actuar en consecuencia. Observa toda la ansiedad y la tensión mental que se vive y qué reacciones despierta en tus compañeros. A continuación, en otro día, haz de manera consciente y deliberada todo lo que normalmente haces, pero hazlo puramente por el bien de los demás. Observa de nuevo tu estado mental y cómo los demás se relacionan contigo. Si te resulta difícil ver la diferencia dentro de un periodo de veinticuatro horas, ¿por qué no dedicas una semana entera a cada uno de los dos extremos mentales? Sin embargo, aquí deberías tener cuidado de no perder a todos tus amigos o de que te expulsen del trabajo cuando actúes de manera egocéntrica.

En todo momento nos enfrentamos a ciertas decisiones y podemos elegir ser desinteresadas o egocéntricos. A un nivel muy reducido, estamos imitando lo que hizo Buda cuando estaba trabajando para alcanzar su propia Iluminación. Mientras permanecía en el bosque rodeado de otros ascetas, experimentó con diversos estados mentales para descubrir cuál era la ruta que conducía a la verdadera felicidad.

Nuestra perspectiva es demasiado estrecha como para apreciar los enormes beneficios que ofrece este tipo de mente, pero lo que tenemos aquí y ahora es la oportunidad de interactuar con otras personas, ya sea de manera relativamente egoísta o de forma relativamente desinteresada. Estoy convencido de que si probaras esto, tu semana "egoísta" estaría llena de penalidades y complicaciones, mientras que tu semana "desinteresada" estaría llena de felicidad y de alegría espontánea. Si es así, ¿por qué no comenzamos desde ahora a cambiar poco a poco nuestra actitud? Shantideva nos aconseja:

> Toda la alegría que hay en el mundo
> Procede del deseo de que los demás sean felices,
> Y todo el sufrimiento que existe en el mundo
> Procede del deseo personal de ser feliz.
>
> ¿Pero qué necesidad hay de decir más?
> El infantil trabaja por su propio beneficio, los Budas
> trabajan por el beneficio de los demás. No hay más que
> fijarse en la diferencia que hay entre ellos[37].

Necesitamos contemplar esas afirmaciones una y otra vez. Experimenta con las diferencias que existen entre esas dos mentes y trata de comprender la realidad de la situación. Soy una persona de mediana edad y he escuchado este consejo muchas veces, pero algunas veces todavía me resulta muy difícil actuar siguiendo ese consejo. Es como si todavía necesitara estar convencido de las ventajas que ofrece la mente desinteresada. Pero la falta de resultados tras haber realizado un trabajo duro durante toda nuestra vida es, sin duda, una señal de que el proceso es equivocado. De alguna manera, nuestra motivación está sesgada. Podríamos ser lógicamente conscientes de ello pero seguiría resultándonos difícil convencernos.

Cuando estamos firmemente convencidos de la necesidad de destruir nuestro egocentrismo, tenemos que actuar inteligentemente para intercambiarnos con los demás. Como se podía esperar, nuestro egocentrismo no desea ser destruido y se presentarán todo tipo de obstáculos, ya que la mente egoísta reacciona fuertemente contra nuestra ambición por cambiar. Aunque, sin lugar a dudas, esto presentará muchos obstáculos mentales y físicos, si somos diestros, nos mostrará todo lo perjudicial que es la mente egoísta. En lugar de desesperación, podemos volvernos todavía más decididos a destruirla. Veremos lo cierta que es la comparación entre la mente egocéntrica y una enfermedad crónica. La oración lamrim del Lama Chöpa (en sánscrito: *Guro Puja*), la práctica bimensual que realizan la mayoría de los centros y de las organizaciones Guelug, afirma:

> Esta enfermedad crónica de centrarnos en nosotros mismos
> es la causa que da paso a nuestro sufrimiento espontáneo.
> Cuando nos damos cuenta de esto, tratamos de buscar
> tus bendiciones para culpar, menospreciar y destruir el
> monstruoso demonio del egocentrismo[38].

Al igual que sucede con una enfermedad crónica, la mente egoísta teñirá todo lo que experimentemos, despertando miedos y ansiedades y todas las dificultades mentales. Mientras la mente egocéntrica esté presente dentro de nosotros, la auténtica felicidad a largo plazo nunca tendrá espacio para desarrollarse.

Esta mente y la mente altruista son opuestas en el sentido de que los dos estados mentales no pueden emerger dentro de nosotros al mismo tiempo. Mientras la mente autocentrada esté presente, el deseo de la mente de beneficiar a los demás no puede existir.

EL PODER DE LA FAMILIARIDAD

Como ya he comentado, no resulta sencillo acabar con nuestro apego. Ayuda a recordar que se ha erigido a través del poder de la familiaridad y, por tanto, nuestra preocupación por los demás también puede erigirse a través de la familiaridad. No somos capaces de ver que los demás son igual de importantes que nosotros mismos solo porque estamos condicionados de cierta manera. Shantideva afirma:

> Por tanto, de igual modo que he llegado a mantener como
> un "yo" estas gotas de esperma y sangre de los demás,
> gracias a la familiaridad también llegaré a preocuparme
> por los demás.

> Después de haberme examinado a mí mismo a fondo
> (para ver si también estoy trabajando por) los demás (o no),
> tomaré todo lo que aparezca en mi cuerpo.
> Y lo usaré para el beneficio de los demás[39].

Está muy claro que nuestro cuerpo físico procede de una donación hecha por nuestros padres. El contacto entre el esperma de nuestro padre con el óvulo de nuestra madre fue el origen de nuestro cuerpo y ni el esperma ni el óvulo nos pertenecían a nosotros. Si las dos primeras células que motivaron nuestra creación son claramente de nuestros padres, y no nuestras, entonces seguramente cuando se multipliquen por cuatro, todavía seguirán perteneciendo a los padres. Y lo mismo sucede cuando, a su vez, se multiplican por ocho, y por treinta dos, etc. No existe una sola célula en el cuerpo que sea inherentemente nuestra. Da la sensación de que nuestras extremidades, nuestro torso, nuestra cabeza, etc., son "míos", pero si buscamos sus orígenes, cada átomo de nuestro cuerpo procede de los primeros elementos, uno de la madre y otro del padre y, por tanto, nuestro cuerpo es suyo.

Debido a que nuestra mente y nuestro cuerpo están tan íntimamente relacionados, nos referimos a ambos como "yo". A menudo percibimos este cuerpo como "yo". Decimos "yo soy alto", cuando nuestro cuerpo es el que es alto; decimos "no me siento bien", cuando el que no se siente bien es nuestro cuerpo. Confundimos nuestro cuerpo con el "yo". Esta es la consecuencia de la familiaridad.

A través de la familiaridad hemos llegado a sentir que nuestro cuerpo es solo nuestro y el centro del universo. Pero es todo nuestro cuerpo el que consideramos de esta manera y no solo el torso o la cabeza. Por tanto, en este sentido, también estamos discriminando. Shantideva argumenta que si solo a través de la familiaridad podemos ver la recopilación de nuestras partes corporales como una sola cosa, entonces podemos expandirlo más allá hasta incluir a otras en la recopilación a la que llamamos "yo" o "mío".

> De la misma manera que las manos y todo lo demás
> Se consideran como las extremidades del cuerpo,
> ¿por qué no considerar como extremidades de la vida a
> todas las criaturas encarnadas?[40]

Aunque la mano derecha, la mano izquierda, la cabeza, los riñones, etc., son cosas distintas, cuando se unen todas formamos este concepto de cuerpo. La mano derecha sentirá una herida en el pie izquierdo, a pesar del hecho de que no sea la mano derecha la que está sangrando. De la misma manera, todas las criaturas son seres conscientes. De igual modo que no tenemos en cuenta un rasgo del cuerpo como algo separado del todo, con la familiaridad podemos ver a todos los seres como parte de un todo, cada uno de ellos igualmente importante y no discriminamos entre mi dolor y el dolor de los demás.

EL OBSTÁCULO DE VERME A MI Y A LOS DEMÁS COMO ALGO DIFERENTE

Uno de los principales obstáculos a la hora de transformar nuestra preocupación por nosotros mismos en una preocupación por los demás es la incapacidad para distinguir entre lo que es el *yo* y lo que son los *otros*. En este momento, percibimos una distinción cristalina, basada en la percepción errónea de que el yo y los demás son conceptos mutuamente excluyentes, entidades intrínsecamente existentes. Percibimos el yo y los demás como algo totalmente distinto y no relacionado, como un perro y un gato, y nos comportamos en consecuencia.

Basándonos en este tipo de actitud, trabajamos diligentemente para conseguir la felicidad y eliminar el sufrimiento del único objeto que nos resulta relevante –nosotros mismos– mientras no sentimos la menor necesidad de atormentarnos con la felicidad o el sufrimiento del objeto que nos resulta irrelevante: los demás. Esto procede directamente de la profunda convicción de que el yo y los demás no están categóricamente relacionados. La felicidad de uno es *mía* y debería alcanzarla; la felicidad de los demás no tiene nada que ver conmigo y, por tanto, se puede pasar por alto.

Este concepto está muy lejos de ser verdad y, de hecho, el yo y los demás no podían estar más íntimamente conectados. Sin el yo no pueden existir los demás; sin los demás no puede existir el yo. La culpa de todo es nuestra incapacidad para reconocer cómo el yo y los demás realmente existen. En su *Lamrim Chenmo*, Lama Tsongkhapa afirma:

> Al realizar una diferenciación categórica entre personas,
> tanto entre uno mismo como entre los demás, que están
> sufriendo o son felices, los polarizamos de igual modo
> que el azul y el amarillo son polaridades. Por tanto,
> cuando alcanzas tu propia felicidad y eliminas tu propio
> sufrimiento, observas esto como "mío" e ignoras la felicidad
> y el sufrimiento de los demás, pensando que eso "pertenece
> a los demás".
> Por tanto, el remedio a esto no es realizar una diferenciación
> categórica entre el yo y los otros como algo esencialmente
> diferente. Por el contrario, deberías comprender que el yo y
> los otros son mutuamente dependientes. Ser consciente del

yo implica ser consciente de los otros y ser consciente de los otros supone ser consciente del yo[41].

Cuando Nagarjuna habla de los opuestos dependientes en su *Sabiduría fundamental del camino medio (Mulamadhya-makakarika)*[42], nos proporciona tres ejemplos principales:

- aquí y allá
- cerca y lejos
- yo y los demás

Imagina que nos encontramos en las esquinas opuestas de una sala. Puedo afirmar categóricamente que yo me encuentro aquí y tú te encuentras allí, mientras que tú puedes decir exactamente lo mismo, aunque mi *aquí* es tu *allí* y viceversa.

No existe realmente un *aquí* y *allí*. Mí *aquí* solo funciona en relación a ti y el tuyo solo funciona en relación a mí. Por tanto, en realidad los dos tenemos razón siempre y cuando comprendamos la relación causal y espacial de las dos personas que nos encontramos en la sala. Sería incorrecto afirmar que *aquí* no existe, sino que solo existe en relación a otros factores y dependiendo de otras condiciones.

Una vez que reconocemos que los pares opuestos existen únicamente en relación a sus opuestos, podemos ver que el *yo* solo existe en oposición al *otro*. Yo existo y tú existes —eso es concreto—, pero en cierta manera yo solo existo porque tú existes. Si yo fuera el único ser consciente del universo, no estaría completamente seguro de cómo vería el "yo". Nos definimos a nosotros mismos mediante nuestras interacciones con los demás, por lo que damos o por lo que recibimos de los demás, por qué expectativas sienten los demás que se cumplen o se frustran.

Eso no significa decir que el sentido del yo desaparezca cuando nos entregamos a un retiro en soledad sino que, sin nuestra interacción con los demás, resulta más sencillo ver cuánto exageramos la importancia de este sentido de identidad. Por culpa de nuestro egocentrismo natural, pensamos que nuestra existencia es más importante de lo que realmente es.

Cuando atravesamos este proceso mental durante la meditación, nos damos cuenta de que el "yo" y los "otros" dependemos completamente de las etiquetas, donde *estas* etiquetas nos indican el "yo" y el "aquí" y *esas* etiquetas nos indican los "otros" y el "allí". Más allá de estos agregados, no existe nada sustancial, nada autónomo.

Si contemplamos esto, aunque sea durante un breve periodo de tiempo, podemos ver lo risible que resulta que seamos tan categóricos respecto a nuestra existencia. Tenemos un amigo llamado John. Para John, John es "yo" de manera inequívoca. Así es como John existe para John. Tiene algunos amigos: Linda, David y Tashi, que son, para John, los "otros". Si el razonamiento de John fuera válido, entonces Linda, David y Tashi también verían a John como "yo" y se verían a sí mismos como los "otros". Los conceptos de "yo" y el "otro" dependen completamente de la interpretación subjetiva de la situación.

Esta dicotomía percibida entre el yo y los demás es algo más que una simple categorización conceptual. Nuestro dolor nos parece muy real, mientras que el dolor de los demás no lo es; experimentamos nuestro propio dolor, mientras que solo vemos o escuchamos el dolor de los demás. Pero también tiene que ver con el sentido del "yo" y cuando se estrecha el vacío que existe entre el "yo" y los "otros", el dolor que sentimos cuando nos retorcemos un tobillo se vuelve menos imperativo y la pierna rota de otra persona ser vuelve más imperativa.

Esto puede realmente suceder. En una enseñanza reciente en Dharamsala, India[43], Su Santidad el Dalai Lama comentó que mientras se encontraba camino del hospital porque sufría un agudo dolor de estómago, vio a unos niños, totalmente andrajosos y abandonados, y a un anciano, que estaba postrado, enfermo y desnutrido, junto a la carretera. Su Santidad declaró que la compasión que emergió en él redujo en gran medida su dolor físico.

Esto es importante si queremos preocuparnos de los demás y, en última instancia, ser capaces de asumir la responsabilidad de su sufrimiento en nosotros mismos. En este momento, no existe energía para disipar el sufrimiento de los demás porque sentimos que no tiene nada que ver con nosotros. Los aprietos de los demás no nos conmoverán, ni tampoco nos afectará su felicidad en lo más mínimo. Ese tipo de mentalidad es una percepción equivocada y un bloqueo para nuestro desarrollo espiritual; se basa en la ausencia de claridad en la relación que existe entre el yo y los demás. *Estamos* conectados a todos los demás de la forma más íntima y nuestra felicidad depende completamente de ellos.

En otras áreas podemos ver relaciones no obvias, así que deberíamos ser capaces de expandir ese entendimiento para incluir al yo y a los demás. Por ejemplo, es una parte normal de la vida occidental del siglo XX disfrutar de una especie de programa de pensiones que retiene cierta cantidad de nuestro sueldo semanal. Somos jóvenes, aunque este dinero ahorrado se destina a una persona anciana que no somos nosotros. Aunque las dificultades a las que nos enfrentaremos cuando seamos ancianos no tienen que ver con nuestro yo joven presente, podemos establecer una conexión directa en el continuo del yo de ahora con el yo de entonces.

Sin embargo, ese pensamiento se basa en ver el yo como algo intrínsecamente existente: el "yo" *real* ahora se convierte en el "yo" real de dentro de cuarenta años. Pero, en realidad, de igual manera que el "yo" de mi ancianidad depende del "yo" que soy ahora, el "yo" que soy ahora depende de los demás. ¿Por qué no estamos animados a dedicar tanto cuidado a los demás como lo hacemos a esta persona anciana en la que nos podríamos convertir, si llegamos a vivir tanto?

Una vez que llegamos realmente a ver la interdependencia del yo y de los demás, completamente libres de cualquier idea de existencia intrínseca, todavía existe un largo proceso de familiarización, donde vemos que hemos sobreestimado constantemente la importancia del "yo" y subestimado la importancia de los otros y donde lentamente afrontamos nuestro punto de vista erróneo. Con esta práctica, la preocupación por el yo se reducirá y la preocupación por los demás se incrementará y con ello, las ventajas de apreciar a los demás comenzarán a manifestarse. Por primera vez en nuestras innumerables vidas llegaremos a conocer la verdadera felicidad.

Este es el verdadero intercambio del yo con los otros. No es nada físico; es la actitud la que cambia: el egocentrismo se reduce hasta que nos aferramos a los demás con el mismo afecto que actualmente nos aferramos a nosotros. A medida que nuestra preocupación por demás crece y nuestro egocentrismo se reduce, y a medida que los demás pasan a ocupar el lugar del yo como centro de nuestro universo, los actos físicos y verbales también cambian de manera natural.

Tomar y dar

En los pasos anteriores, especialmente el intercambio de uno mismo con los demás, existe un fuerte elemento de trabajar para los demás y eso en sí es una forma de dar. Si ese adiestramiento tiene éxito, seremos capaces de sacrificar felizmente nuestra propia alegría por el bien de los demás. Ya estamos tanto tomando su sufrimiento como entregando nuestra felicidad.

Esto se formaliza en una práctica meditativa llamada *tomar y dar* (en tibetano: *tong len*). Las dos partes de la práctica del *tong-len* guardan relación con las dos mentes del amor y de la compasión. El *tong*, dar, está relacionado con el amor, con el deseo de hacer que todos los seres alcancen finalmente la felicidad. El *len*, tomar, está relacionado con la compasión, con el deseo de liberar a todos los seres del sufrimiento. Aunque es una meditación sencilla —tomar el sufrimiento de los demás mientras inspiramos y otorgamos nuestros méritos a ellos mientras espiramos— puede resultar muy eficaz si se realiza de manera adecuada.

Comenzamos la práctica desarrollando un intenso sentido de empatía con todos los seres conscientes, sin ninguna discriminación, creando de manera eficaz una profunda inquietud en nuestro interior cuando nos damos cuenta del alcance de su sufrimiento y su penetrabilidad. No se trata de una inquietud en el sentido negativo, sino como cuando una madre ve a su único hijo enfermo y se siente completamente concentrada en curarlo. Desde el punto de vista emocional, la sensación de urgencia es la misma, pero esta vez procede de un profundo entendimiento de la verdadera situación de los demás seres.

Tomar significa literalmente asumir las dificultades de los demás en uno mismo, actuar para aliviar esas dificultades a través del poder de la profunda compasión. El principal mecanismo es la generación de compasión dentro de nosotros mismos. Aunque esto no significa que seamos eficaces en la reducción inmediata de las dificultades y de las penalidades de los demás, estamos desarrollando nuestra propia fuerza mental y, de ese modo, haciendo que seamos capaces de soportar cualquier dificultad que pueda presentarse en nuestro trabajo por los demás.

Una vez alcanzada esta etapa en nuestra contemplación, el paso final nos llega de manera totalmente espontánea. Cuando el amor y la compasión se encuentran dentro de nosotros, dar y tomar compasivamente las dificultades de los demás sobre nosotros mismos es algo que llega de manera natural. Como una madre preocupada, la mente en seguida soporta todos los niveles de penalidades, haciendo todo lo que sea necesario para aliviar a los demás de su sufrimiento.

No se trata de una proeza menor, ya que en el momento en el que hemos alcanzado esta etapa, estamos hablando de *todos* los demás seres conscientes, sin ninguna exclusión. Ayudar, incluso a un solo ser cuando atraviesa por dificultades, agota y consume emocionalmente. ¡Y aquí nos estamos refiriendo a todos los seres conscientes! Los textos dicen que incluso algunas personas que están próximas a alcanzar la bodhichita se sienten abrumadas por la enormidad de su tarea y retroceden.

Sin embargo, cuando tenemos esta mente de intercambiar el yo por los demás, a pesar de los problemas, nos sentiremos llenos de una inmensa sensación de alegría y de realización personal. Mientras que antes nuestras mentes estaban nubladas por la confusión y la aflicción, ahora cultivaremos gran fuerza y ánimo para trabajar realmente por el beneficio de los demás, utilizando el amor y la compasión que hemos generado durante las etapas anteriores. La oración final del Lama Chöpa afirma:

Y, de ese modo, gurús perfectos, puros y compasivos,
Busco vuestras bendiciones para que todas las deudas
kármicas, los obstáculos y los sufrimientos de los seres
nuestras madres, maduren ahora mismo en mí sin ninguna
excepción,
Y que pueda dar mi felicidad y mi virtud a los demás
Y, por tanto, investir de dicha a todos los seres.

Para poder rescatar a todos los seres de los vastos mares
de la existencia busco tus bendiciones para volverme
adepto a la bodhichita a través de un deseo puro y
desinteresado, así como por medio del amor y la compasión
unidos a la técnica visual de dar y tomar con cada
respiración[44].

Cuando inspiramos, visualizamos que los sufrimientos de todos los seres conscientes recaen sobre nosotros y cuando espiramos visualizamos que les entregamos todas nuestras virtudes.

Existe una preocupación, sin embargo, de que la idea de tomar *todo* el sufrimiento de *todos* los seres conscientes es imposible de conceptualizar, haciendo que la práctica carezca de sentido. Al igual que sucedía con las anteriores meditaciones sobre el amor y la compasión, que comenzaron siendo pequeñas y luego se expandieron, es conveniente hacer lo mismo aquí. Comienza por ti mismo como el primer objeto de tu meditación. Podría parecer extraño que desarrollaras altruismo dedicándote amor y virtud a ti mismo, pero se trata de un ejercicio mental y la aplicación inteligente del método adecuado funciona mucho mejor que tratar de extralimitarse.

LA MEDITACIÓN

Comienza por visualizarte a ti mismo sentado delante de ti —algo sumamente extraño, lo admito— y extiende esto imaginando tu continuo: a ti mismo esta noche, mañana, el próximo año, durante tu vejez. Imagina los problemas y las penalidades a los que tendrás que enfrentarte en el futuro. Comprendiendo que todos esos individuos futuros son la misma persona, tú, el meditador, carga todo el sufrimiento del futuro "tuyo" sobre ti mismo y, a cambio, entrega toda tu felicidad.

Imagina que todos tus problemas y tu karma negativo emana del corazón del "tú" que hay delante de ti, emergiendo en forma de humo negro y penetrando en tu corazón con cada inspiración: el *tomar*. Cuando exhales, imagina que una luz blanca sale de tu corazón, simbolizando todas las cualidades positivas que posees, fluyendo dentro del "tú" que hay delante de ti y llenando el cuerpo de una luz blanca: el *dar*.

Cuando te sientas cómodo utilizando este método en ti mismo, extiéndelo a un buen amigo usando la misma técnica. Imagina que tu amigo se encuentra sentado delante de ti y contempla los verdaderos problemas a los que se enfrenta tu amigo en ese momento. Genera compasión teniendo en cuenta lo maravilloso que sería si pudiera liberarse de todos los problemas. Seguidamente, mientras inspiras, en la parte de tomar, imagina que todos esos problemas adoptan la forma de un humo negro, emanando del corazón de tu amigo y penetrando en ti.

Incluso aquí, necesitamos definir el "yo" y su papel en esta etapa de práctica. Si imaginas las dificultades de tu amigo en forma de un humo negro que llena todo tu cuerpo, entonces podrá ser muy pesado, pero si ves el "yo" como una preocupación egoísta, entonces la meditación se realiza desde una perspectiva diferente. Imagina que todo el humo negro de su negatividad penetra en tu sentido del yo, que es un espacio oscuro, pesado y negro que existe en tu corazón. A través de esto, la presión sobre el yo se afirma cada vez más hasta que explota en forma de una luz blanca y brillante. Esto simboliza la manera en la que la preocupación por los demás destruye la preocupación egoísta por uno mismo.

Y cuando espiramos, la parte del *dar*, imagina que entregas todas las cosas buenas que posees —en particular tus virtudes— sin la menor discriminación o excepción. Aquí puedes visualizar todas tus cualidades positivas en forma de una luz blanca y brillante que emana de tu corazón y penetra en el corazón de tu amigo.

Cuando esa mente se vuelve fuerte y se siente cómoda con esta práctica, puedes extenderla un poco más, asimilando los problemas y las dificultades de los extraños. Finalmente, progresarás hasta llegar a los seres que te producen algún tipo de daño, si es que te das cuenta de que todavía eres capaz de distinguir entre amigos, enemigos y extraños.

Debo hacer hincapié en que esto no debería convertirse simplemente en un extraño proceso de ensoñación. Es importante sentir que tu mente realmente experimente este proceso de tomar y de dar. Si tienes dificultades para decir que te despojarás de todo aquello que posees, sería conveniente comenzar por las cosas que *puedes* dar a otros seres conscientes sin que en el futuro sientas arrepentimiento o remordimiento. A continuación, empieza a despojarte de tus posesiones, luego de tus virtudes y, finalmente, de todo lo que resulta beneficioso para los seres conscientes, para todos los seres conscientes por igual.

El objetivo principal de esta práctica de equipararnos e intercambiarnos por los demás es convertirnos en mejores seres humanos. Más allá de los "derechos humanos" de los que tanto oímos hablar, se trata del derecho de que todos los seres (no solo los humanos) tienen a disfrutar de una felicidad auténtica y duradera y conseguir que se liberen del sufrimiento. Si alcanzo ese tipo de entendimiento y de personalidad, entonces podemos considerarnos a nosotros mismos unos buenos seres humanos. Podemos aprender a convertirnos en ese tipo de persona, con o sin el objetivo de alcanzar la Iluminación. Ese es un objetivo que está a nuestro alcance y tenemos la capacidad de avanzar hacia él.

La combinación de los dos métodos

Tanto las técnicas de los siete puntos de causa y efecto como el de equipararse e intercambiarse por los demás proceden originalmente de la India. Chandrakirti, Kamalashila y Asanga escribieron sobre los siete puntos de causa y efecto, mientras que algunos Maestros como Nagarjuna y Shantideva solían igualarse e intercambiarse con los demás, aunque apenas hacían mención a los siete puntos. En cierto sentido, se trataban de dos linajes separados.

Cuando Atisha llegó al Tíbet, enseñó los dos métodos juntos. Sin embargo, no existe ningún documento escrito por él en donde se combinen los dos métodos, ni se han encontrado instrucciones precisas de otros Maestros como Lama Tsongkhapa. Hasta muchos años después algunos Maestros no escribieron explícitamente sobre cómo se podían combinar los dos métodos.

Debemos elegir cuál de los tres métodos queremos utilizar y depende más de su adaptabilidad a cada practicante más bien que sobre cuál es superior. Para muchos de nosotros, los dos métodos más tradicionales presentan dificultades. Tal vez comenzar con el método de los siete puntos no nos permite alcanzar la bodhichita, mientras que empezar por la equiparación no funciona porque es incapaz de poner en marcha el compromiso emocional necesario. Aquí es donde la combinación de los dos métodos puede ser una opción muy ingeniosa. A la hora de combinar los dos métodos, existen diversos sistemas, pero utilizaré el método de los once pasos que fue presentado por Pabonka Rinpoche en *Liberación en la palma de tu mano*[45]. Los pasos que combinan las dos técnicas son:

1. generar ecuanimidad (*prerrequisito para los dos métodos*).
2. reconocer que todos los seres han sido nuestra madre (*siete puntos*).
3. recordar su amabilidad (*siete puntos*).
4. decidir devolver esa bondad (*siete puntos*).
5. igualarse con los demás (*igualarnos e intercambiarnos*).
6. reflexionar sobre las desventajas del egoísmo (*igualarnos e intercambiarnos*).
7. reflexionar sobre las ventajas de estimar a los demás (*igualarnos e intercambiarnos*).
8. tomar, empleando la concentración en la compasión (*ambos métodos*).
9. dar, empleando concentración en el amor (*ambos métodos*).
10. desarrollar una intención especial (*siete puntos*).
11. generar la mente de la Iluminación (*el resultado: siete puntos*).

CÓMO SE COMBINAN LOS DOS MÉTODOS

Como podemos ver en la lista, hay once pasos. Tal y como hemos visto, el primer paso, la ecuanimidad, es la cualidad mental necesaria, independientemente del método que se utilice y es un prerrequisito absolutamente necesario. A continuación, los siguientes seis pasos sirven para el desarrollo de un profundo afecto hacia todos los seres vivos, donde los pasos dos al cuatro proceden del método de los siete puntos y los pasos cinco a siete proceden del método de equipararse e intercambiarse por los demás. Es interesante notar que con este método, las etapas de las siete causas preceden al otro método, sugiriendo que la técnica de los siete puntos es la más suave de las dos. Pero, como ya hemos visto, todo depende del practicante.

El décimo paso consiste en desarrollar una intención especial que, como ya hemos visto, es más avanzada que tomar y dar en el sentido de que aquí el practicante asume plenamente la responsabilidad de hacer que todos los seres disfruten de la felicidad. Esto procede del método de los siete puntos. Finalmente, existe el resultado, la consecución de la mente de la Iluminación, la bodhichita.

Este tercer método tiene una secuencia muy hermosa. Es largo, pero para nuestra vida, no lo es demasiado. Podría parecer que el verdadero intercambio llega en una fase muy tardía de esta secuencia, pero la diferencia se encuentra en el amor. Aquí no solo es el amor el que dice lo hermoso que sería si todos los seres conscientes disfrutaran de la felicidad, sino que el amor tiene realmente el poder de entregar algo.

En este momento, si el edificio en el que trabajamos se incendiara, nuestra primera reacción probablemente sería salir de él y luego, una vez que estuviéramos fuera y a salvo, podríamos mostrar inmediatamente preocupación por cualquier persona que permaneciera atrapada dentro de él. La autoprotección es un instinto que está profundamente enraizado en nosotros. Hasta ahora, preocuparnos por nuestro propio bienestar siempre ha sido un asunto de máxima importancia, pero es perfectamente posible cambiar eso. Me sentí muy sorprendido durante el desastre del tsunami de 2004 por el número de testimonios en los que se daban muestras de una heroicidad altruista ante una tragedia tan repentina y de tanta magnitud. Los seres humanos tenemos la capacidad de transformar una mente principalmente preocupada por su propio bienestar en una mente principalmente preocupada por el bienestar de los demás. Este es el concepto esencial de las enseñanzas de la mente del despertar.

Las Cuatro Causas, las Cuatro Condiciones y las Cuatro Fuerzas

Estos métodos para desarrollar la mente del despertar de la bodhichita son las técnicas que necesitamos emplear, pero existen otros factores en juego que pueden ayudar o dificultar nuestro éxito. Algunos textos como *Los Niveles del Bodhisatva*, de Asanga, describen estos factores enumerando las cuatro causas, las cuatro condiciones y las cuatro fuerzas que son necesarias si deseamos realmente alcanzar esta preciosa mente. En lugar de ser una instrucción que se desarrolla paso a paso, tal y como sucedía con los siete puntos y con el intercambio con los demás, estas tres series de cuatro son las listas de verificación a las que debemos remitirnos para poder determinar si hemos desarrollado las cualidades necesarias para alcanzar la bodhichita. Estas listas reflejan la preciosa oportunidad que tenemos en este momento y son una exhortación para que no dejemos pasar esta oportunidad tan importante.

LAS CUATRO CAUSAS

- despertar al linaje mahayana.
- seguir los consejos de un amigo espiritual mahayana.
- estar influidos por el amor hacia los seres conscientes.
- tener la templanza para soportar grandes dificultades en el servicio a los demás.

El despertar al linaje mahayana consiste en despertar la mente que aspira firmemente a alcanzar la Iluminación plena. Cuando esto sucede, nuestra naturaleza de Buda, la principal semilla que crece en la Iluminación plena, comienza a hacerse activa y, acompañada de un intenso deseo de beneficiar a los seres conscientes, crece la aspiración a generar la práctica de las seis perfecciones.

La segunda causa, seguir los consejos de un amigo espiritual Mahayana, muestra la importancia que tiene un Maestro espiritual adecuado. Si tenemos un Maestro que pueda explicarnos la manera de desarrollar compasión, tenemos más oportunidades de desarrollarla. En este mundo, existen muy pocos Maestros budistas mahayana y entrar en contacto con uno de ellos es una oportunidad maravillosa y verdaderamente única.

La tercera causa es estar influidos por el amor hacia los seres conscientes. Existen dos elementos aquí: el amor que es una inspiración y una influencia en nuestra vida y en las personas que son ejemplos de ese amor. El amor que sentimos *de* los demás nos alimenta y el amor que sentimos *hacia* los demás también nos nutre, creando una enorme influencia en nuestro ser. Pero también se puede extender a las personas que se encuentran próximas a nosotros. Si están impregnados de amor, entonces estaremos influidos positivamente y pueden servirnos como modelo a seguir en nuestra búsqueda de la Iluminación. Sin embargo, debemos buscar con cuidado a personas afectuosas e íntegras que puedan convertirse en una influencia positiva en nuestras vidas. Es como cuidar un jardín: las malas hierbas pueden invadir un jardín descuidado, así que tenemos que atenderlo. Un jardín hermosamente cuidado nos inspira a realizar el esfuerzo de mantenerlo bello. De la misma manera, si tratamos de desarrollar la bodhichita, rodearnos de personas que tengan un buen corazón puede ayudarnos a desarrollar nuestras tendencias altruistas.

La última causa consiste en soportar enormes dificultades al servicio de los demás. Es necesario sentirnos cómodos con desafiarnos a nosotros mismos cuando aparezcan las dificultades, no para hacer una demostración de resistencia, sino como el auténtico y verdadero camino para desarrollar la bodhichita. Debemos ser fuertes para evitar que nos perjudiquen nuestros esfuerzos y eso haga que volvamos a caer en una mentalidad y en una actitud egocéntrica. Deberíamos tener la esperanza de afrontar las dificultades, pero nuestro objetivo es tan elevado que debemos aprender a superarlas.

LAS CUATRO CONDICIONES

Las cuatro condiciones normalmente tienen nombres largos, pero brevemente son:

- sentirnos inspirados por los actos de los Budas y los bodhisatvas.
- sentirnos inspirados a través de la exposición a las enseñanzas mahayana.
- mostrarnos decididos a través del miedo al declive de las enseñanzas mahayana.
- mostrarnos decididos viendo lo escasas que son las enseñanzas mahayana en esta época.

Tradicionalmente, la primera condición se llama: *experimentar de primera mano o escuchar relatos de los poderes sorprendentes de los Budas y de los bodhisatvas, llegando así a la convicción y a la generación de la mente de la bodhichita*. Si somos lo bastante afortunados como para encontrar Budas y bodhisatvas y ver sus sorprendentes poderes, sin lugar a dudas nos sentiremos inspirados a generar la bodhichita. Cuando hablamos de *poderes*, nos referimos a considerar su increíble capacidad para beneficiar a los demás y a los medios ingeniosos que emplean para conseguirlo.

Aunque no seamos realmente capaces de encontrar Budas y bodhisatvas con frecuencia en nuestra vida cotidiana de hoy, los relatos de sus hazañas pueden resultar una gran fuente de inspiración. Para muchos de nosotros, estar rodeados de personas como Su Santidad el Dalai Lama, Lama Zopa Rinpoche, Thich Nhat Hahn u otros grandes seres nos produce mucho ánimo. Vemos el increíble beneficio que ofrecen a los demás a través de su bodhichita y nos sentimos inspirados a tratar de desarrollar la bodhichita en nosotros mismos. Limitarnos a verlos y a escucharlos se convierte en una condición para el desarrollo de la bodhichita.

Nuestra aspiración de generar la bodhichita también puede aumentar notablemente a través de la exposición a las enseñanzas mahayana. Esta es la segunda condición. Para algunas personas, los textos y las escrituras del canon mahayana son la puerta a través de la cual avanzan hacia la consecución de la bodhichita. Al leer, recitar y contemplar estos textos, muchos comenzarán a desarrollar la bodhichita.

Podríamos no estar en contacto con Budas o bodhisatvas, o puede que ni siquiera lleguemos a estudiar muchas enseñanzas mahayana, pero otra condición que puede ayudarnos a generar la mente de la Iluminación es un entendimiento de que las enseñanzas mahayana están desapareciendo. Si realmente somos capaces de ver la realidad de este hecho, creo que a todos nos parecería que esto es insoportable. Comprendemos que la prevalencia actual de las enseñanzas budistas en Oriente es mucho menos que hace cien años y estamos muy preocupados por esta rápida degeneración. Tradicionalmente, esta condición se denomina *considerar insoportable la inminente desaparición del mahayana*.

Aunque no generemos una convicción basada en el miedo a la desaparición de las enseñanzas, el simple hecho de ver lo escasas que son las enseñanzas mahayana puede ayudarnos a desarrollar una mente de bodhichita. Solo unos cuantos están siguiendo completamente un camino espiritual y, de ellos, solo un pequeño porcentaje han marcado como objetivo supremo la Iluminación para poder liberar a todos los seres conscientes de su sufrimiento. Tenemos la maravillosa bendición de disfrutar de la oportunidad de entrar en contacto con las enseñanzas, algo que los grandes Maestros comparan con la oportunidad de ver las estrellas en el cielo durante las horas de sol. Son muy poco frecuentes. Y, por tanto, cuando entramos en contacto con las enseñanzas y vemos lo verdaderamente preciosas que son, el pensamiento de ayudar a los demás a entrar en contacto con ellas aparecerá de manera automática. Esto se recoge en la cuarta condición.

LAS CUATRO FUERZAS

- la fuerza personal
- la fuerza de los demás
- la fuerza causal
- la fuerza de la aplicación a uno mismo

La fuerza personal se refiere al esfuerzo que debemos hacer y al entusiasmo que debemos generar si queremos alcanzar la bodhichita. Este es un factor crucial. La fuerza de los demás se refiere al modo en el que estamos influidos por los demás cuando desarrollamos nuestra mente del despertar. Estas personas pueden ser nuestros amigos y Maestros de Dharma, así como ejemplos altruistas de nuestra sociedad, figuras como la Madre Teresa o Martin Luther King Jr.

La fuerza causal se refiere a las impresiones kármicas que recibimos que nos ayudarán a desarrollar la bodhichita en el futuro y esto es algo con el que el pueblo tibetano se siente muy cómodo. Sabiendo que las enseñanzas son demasiado avanzadas para nosotros, o que nunca seremos capaces de mantener los compromisos, seguimos adelante con iniciaciones y enseñanzas para poder dejar alguna huella en nuestro continuo mental con el pensamiento de que muchas se pueden convertir en nuestra práctica principal en la próxima vida cuando se den las condiciones adecuadas. Tengo la sensación de que esta tercera fuerza, la fuerza causal, es la razón de que algunas personas alcanzan la bodhichita de manera muy natural. En sus anteriores vidas han realizado prácticas, recibido enseñanzas o han trabajado en el desarrollo de su altruismo, de tal modo que cuando se encuentran en circunstancias similares en su vida presente, les resulta más sencillo desarrollar esta preciosa mente del despertar de la bodhichita. Nuestra capacidad para aprender depende en gran medida de ciertos factores como nuestra inteligencia y nuestra formación intelectual, pero también de las impresiones que tenemos en nuestro continuo mental.

Probablemente todos hemos pasado por ese tipo de experiencias. La mía fue vivir en un monasterio que gozaba de una sociedad muy interactiva. Desde que nos levantábamos hasta que nos íbamos a acostar, vivíamos dos o tres monjes en una habitación, y manteníamos debates interminables. Viviendo en ese tipo de entorno, podía ver con claridad las diferencias en las capacidades y en los intereses individuales que existían. Resultaba muy interesante descubrir que, aunque siempre estábamos rodeados de grandes Maestros, muchos monjes no mostraban la disposición necesaria para conseguir un conocimiento de Dharma extenso. Independientemente de cuántas directrices les dieron los Maestros, estos monjes demostraron que sus interesen iban en otra dirección.

Por otra parte, existen muchas personas, incluso sin esas condiciones tan buenas, que siguen de manera natural el camino adecuado, o siente una disposición natural a seguir el camino correcto. Siempre entra en juego algo más que la educación o el entorno, y el simple hecho de que todos tentamos inclinaciones emocionales o intelectuales distintas demuestra este hecho. Esto tiene mucho que ver con la fuerza de nuestras impresiones procedentes de las vidas anteriores o incluso de esta vida. Su Santidad el Dalai Lama a menudo comenta en tono de broma al final de una iniciación de Kalachakra que, de las miles de personas que acuden, solo un puñado de ellas realmente recibieron esta iniciación suprema. Pero eso no quiere decir que los demás hayan malgastado su tiempo. El resto de nosotros hemos estado creando las causas necesarias para poder practicar plenamente la Kalachakra en las vidas futuras y las huellas que hayamos creado han sido extraordinariamente positivas. Esa es la fuerza causal.

La cuarta fuerza es la fuerza de la aplicación en uno mismo, esto supone familiarizarnos constantemente con las enseñanzas en la bodhichita: escucharlas, leer, meditar y aplicarlas generalmente a nuestras vidas.

De las cuatro causas, de las cuatro condiciones y de las cuatro fuerzas, los factores que desarrollamos por nuestra propia cuenta conducirán a una bodhichita muy estable. Los factores que desarrollamos a través de la dependencia de los demás también ayudarán a desarrollar la bodhichita, pero la mente resultante será menos estable, ya que nuestro egocentrismo todavía puede ser una fuerza motivadora. Los educadores saben que aprender actuando siempre es preferible a aprender simplemente escuchando. Conocer la bodhichita siempre es mejor que leer acerca de ella. Lama Tsongkhapa resume estas tres series de cuatro de la siguiente manera:

> … *Las bases del Bodhisatva* de Asanga afirma que en dependencia de las cuatro causas y de las cuatro condiciones, tanto de manera individual como colectiva, cultivaremos una fuerte mente de la Iluminación si nos llega por medio de nuestra fuerza personal o de la fuerza causal. No es fuerte si procede de la fuerza de los demás o de la fuerza de la aplicación de uno mismo.

Cuando hayas comprendido completamente que el Dharma, especialmente el mahayana, se encuentra en peligro de extinción como consecuencia de estos momentos degenerados en los que vivimos, entenderás lo infrecuente que es desarrollar la mente de la Iluminación. Recurre siempre a un excelente amigo espiritual, haz el máximo esfuerzo por practicar el Dharma a través del estudio, de la meditación, etc., y siembra las semillas de la Iluminación en lo más profundo de tu corazón, no a través de la voluntad de los demás, no recurriendo a los demás, no a través de un hábito ciego, sino a través de tu propia fuerza. Esta es la base de todos los actos del Bodhisatva[46].

5. EL ENRIQUECIMIENTO DE LA MENTE DEL DESPERTAR

La bodhichita que aspira y se implica

> En resumen, la Mente del Despertar
> Se debería entender que es de dos tipos:
> La mente que aspira a despertar,
> Y la mente que se aventura a hacerlo.
> Tal y como se entiende por distinción
> Entre aspirar a ir y (realmente) ir.
> Por tanto, el sabio comprende a su vez.
> La diferencia entre ambas[47].

Nos convertimos en un bodhisatva cuando sostenemos sin esfuerzo y continuamente la mente de la bodhichita. Incluso la parte inicial de la séptima etapa del método de los siete puntos, donde la intención especial se convierte en la mente de la bodhichita, esta mente es artificial en el sentido de que se necesita realizar un esfuerzo para mantenerla. Nos resulta sencillo perderla fuera de la sesión de meditación. Sin embargo, para el bodhisatva, las dos aspiraciones (beneficiar a los demás y alcanzar la Iluminación para poder beneficiar a los demás) tienen lugar de manera simultánea y no son artificiales ni requieren un esfuerzo.

Sin embargo, conseguir una bodhichita continua y sin esfuerzo no es la etapa final de este proceso. La mente necesita mantenerse y enriquecerse y existen dos niveles por lo que puede atravesar: *la bodhichita que aspira* es una bodhichita real y no artificial, pero sin la capacidad de realizar actividades del bodhisatva, y la *bodhichita que se implica* se produce después de haber tomado los votos del bodhisatva, cuando nuestra bodhichita es lo bastante poderosa como para que podamos realizar realmente las actividades del bodhisatva, como las seis perfecciones. Tal y como afirma Shantideva, la diferencia radica entre la mente que aspira a despertarse y la mente que se aventura a despertarse.

El proceso de convertirse en un bodhisatva normalmente es bien conocido. Al principio, obtenemos un deseo o una aspiración genuina y no artificial de la bodhichita y, de ese modo, entramos en el camino del bodhisatva. A continuación, seguimos desarrollando esa mente. Cuando nos sentimos preparados para tomar los votos del bodhisatva, hemos alcanzado lo que se llama una bodhichita comprometida, en la que ponemos en marcha las verdaderas actividades de un bodhisatva. Esto queda muy claro en algunos pasajes de la obra de Shantideva, *Una guía a la forma de vida del Bodhisatva* y en otros textos como *Camino básico al despertar (en tibetano: Jangchub Shunglam)*, el comentario de Lama Tsongkhapa sobre la obra de Asanga, *Los Niveles del Bodhisatva*. Existe otra posibilidad, según algunos textos, principalmente el *Lamrim Chenmo* de Lama Tsongkhapa. En él, afirma:

> Existen algunos que comprenden el mahayana y tienen una firme convicción en el camino mahayana, incluso sin haber tenido experiencias relacionadas con el. Primero cultivan la mente de la Iluminación y toman los votos en la ceremonia [del bodhisatva] y, seguidamente, se ejercitan en la bodhichita[48].

Comprendo que este pasaje quiere decir que existen algunos practicantes excepcionales que poseen la capacidad de trascender las etapas sin esfuerzo. En lugar de perseguir la mente del despertar a través de las etapas descritas, pueden empezar con una bodhichita artificial y luego, de repente, trascender hasta el punto de alcanzar una bodhichita que se implica sin la etapa intermedia de la bodhichita que aspira. Cuando llegan a este punto, inmediatamente toman los votos del bodhisatva y, por medio del poder de los votos y de la conexión que han establecido con el Maestro, alcanzan la bodhichita que se implica, o comprometida y están preparados para empezar a practicar las seis perfecciones.

MANTENER LA BODHICHITA QUE ASPIRA MEDIANTE EL RITUAL

Esta explicación de los dos niveles de la bodhichita realmente se refiere a la mente de la Iluminación genuina, espontánea y natural que alcanza el practicante después de haberse preparado en los tres métodos de los que hemos hablado. Por tanto, no debería confundirse con el ritual realizado de vez en cuando, por ejemplo, al final de una Iniciación o de una enseñanza. Recuerda que muchos de nosotros hemos recibido los votos del bodhisatva sin habernos convertido al instante en bodhisatvas.

A menudo, escuchamos a Maestros como Su Santidad el Dalai Lama realizar un ritual junto a su presentación de la bodhichita que aspira. Aquí, "la bodhichita que aspira asociada a un ritual", tal y como se denomina, no es una bodhichita real, sino que es la *aspiración* de tener la bodhichita. Al afirmar este deseo, o aspiración, delante de un Lama supremo, estamos sembrando las semillas para crear verdaderamente la aspiración de la bodhichita en nuestro interior. Su Santidad el Dalai Lama siempre subraya la importancia de tener el deseo sincero de alcanzar la plena Iluminación con el fin de beneficiar a los demás seres conscientes durante sus rituales.

Me comprometí activamente por primera vez en el año 1976, durante una ceremonia de bodhichita conducida por uno de los tutores fallecidos de Su Santidad el Dalai Lama, Kyabje Trijang Rinpoche. El ritual fue muy especial. El elevado trono donde Rimpoché enseñaba fue decorado con una serie de brocados más ricos de lo habitual, flores llenaba la gompa y todo el mundo llevó ofrendas. En tibetano, esto se denomina *semkye chöpa*, "generar la bodhichita a través de la ofrenda de sustancias" y su principal propósito es el de establecer una conexión física y mental con la bodhichita, tanto si realizamos ofrendas como si no.

Kyabje Trijang Rinpoche ayudó a cultivar esta sublime aspiración para la bodhichita explicándonos que los Budas y los bodhisatvas estaban presentes en ese ritual. Llegué verdaderamente a sentir que todos esos seres sagrados se encontraban allí y que me estaban conduciendo ante su presencia. Cuando nos arrodillamos y entregamos nuestras ofrendas, nos dijo que dirigiéramos nuestra mente hacia el deseo de alcanzar la Iluminación para beneficiar a todos los seres conscientes. Tal vez unos instantes antes, las cosas no estaban tan claras, pero en ese momento todos los presentes estaban concentrados en aferrarse a esas palabras y a ese sentimiento. Aquello fue muy impactante.

Es posible que para la mayoría de nosotros, la mente que se genera en esas situaciones es muy artificial y temporal porque solo se produce en un momento con la ayuda de un Maestro, en lugar de alcanzarse a través de la evolución paulatina en la mente de la bodhichita plenamente desarrollada. No obstante, esta mente resulta extraordinariamente útil en el sentido de que realmente crea impresiones en nuestra forma de pensar, de tal modo que podamos cultivar y finalmente alcanzar la verdadera mente de la Iluminación.

LOS VOTOS DEL BODHISATVA

Casi siempre, la bodhichita que se implica o comprometida es la consecuencia de tomar los votos del bodhisatva cuando el practicante, que ya posee una aspiración de la bodhichita artificial, está plenamente preparado. Es muy apropiado obtener la primera vez los votos del bodhisatva de un Maestro, pero también se pueden tomar delante de un objeto sagrado como la stupa de Bodhgaya, o simplemente imaginando que los seres sagrados se encuentran presentes y tomándolos como testigos.

La toma de los votos del bodhisatva se considera un elemento esencial en la consecución de la bodhichita comprometida. Sin esos votos, aunque el practicante aprenda y trate de practicar las seis perfecciones, todavía no está plenamente comprometido con la bodhichita. Solo con la inclusión de los votos sagrados, tomados únicamente cuando la persona es sinceramente capaz de realizar el compromiso, se pueden desarrollar plenamente las actividades del bodhisatva.

Diferencias entre los tres votos

En el budismo, normalmente se dice que hay tres niveles de votos: los votos de la liberación individual (en sánscrito: *pratimoksha*), los votos del bodhisatva y los votos tántricos. Estos votos están precedidos por la toma inicial del refugio, el primer voto crucial en el desarrollo budista.

Los votos se enumeran arriba en el orden específico en el que se toman, aunque existe cierto debate sobre si los votos de la liberación individual se deberían tomar antes de ser ordenado en los votos del bodhisatva. Algunos Maestros interpretan un pasaje que aparece en el comentario estándar sobre la obra de Atisha, *Lámpara del camino hacia la Iluminación* para afirmar que es necesario tomar alguno de los votos de la liberación individual, pero Lama Tsongkhapa afirma que esa es una interpretación errónea, que solo los votos del refugio y el compromiso de evitar las diez no virtudes son requisitos previos para los votos del bodhisatva. Mi opinión personal es que sería conveniente que el practicante también tomara los votos de la liberación individual.

Existen siete series de votos de la liberación individual, dependiendo del estatus religioso de los practicantes que los toman. Estos votos incluyen a los monjes y monjas ordenados plenamente, a los monjes y monjas novicios, a las monjas que están a prueba y a los hombres y mujeres laicos. También existen una serie de condiciones similares para dar los votos. Por ejemplo, solo los monjes que están plenamente ordenados (incluyendo al abad del monasterio) pueden dar los votos de los monjes plenamente ordenados.

En el budismo tibetano, los votos de la liberación individual tienen validez para toda la vida, así que nos comprometemos a mantenerlos hasta que morimos. Si perdemos la capacidad para adherirnos a nuestros votos, salvo en casos muy excepcionales, no podemos volver a tomarlos.

Los votos del bodhisatva no tienen estas estipulaciones. No es necesario tomarlos delante de un ser vivo, como ya he comentado, y podemos tomarlos muchas veces, incluso dentro del mismo día. Los votos del bodhisatva también continúan de una vida a otra, hasta que finalmente alcanzamos la Iluminación.

Además, no nos está permitido "investigar" los votos de la liberación leyendo textos antes de comprometernos a ellos. Por decirlo de manera estricta, debemos comprometernos a los votos antes de comprometernos a investigarlos en profundidad y a contemplar lo que implican. Por el contrario, en algunos textos, como *Los Niveles del Bodhisatva* de Asanga se señala con claridad que debemos estar perfectamente familiarizados con los votos del bodhisatva antes de recibirlos. Solo cuando hemos estudiado lo suficiente y sentido que nos sentimos cómodos al comprometernos con ellos, podemos tomarlos.

Los votos tántricos solo se pueden tomar después de habernos comprometido a los votos del bodhisatva y se deben tomar de manos de un ser vivo. Una vez más, debemos comprometernos a ellos antes de investigar su naturaleza compleja.

Romper y restaurar un voto

Los votos del bodhisatva se dividen en dieciocho votos raíz y en cuarenta y seis votos secundarios. Tratar de decidir si una persona ha quebrantado realmente un voto raíz depende de si esa persona ha tomado realmente el voto, lo cual, tal y como he comentado, depende de la base, la bodhichita que aspira. Algunos de nosotros hemos "tomado" los votos del bodhisatva en una Iniciación, pero estoy seguro de que muchos tendríamos que admitir que no hemos alcanzado la bodhichita que aspira, de tal modo que, en cierto sentido, no hemos tomado la Iniciación o los votos que conllevan.

Con esto no quiero decir que estemos simulando cuando tomamos los votos del bodhisatva en una Iniciación con una bodhichita artificial y con la ayuda de un Maestro. Si lo hacemos así y luego "rompemos" un voto raíz, puede producirse un debate sobre si el voto se ha llegado a quebrantar realmente. Sin embargo, no cabe duda de que se ha producido una transgresión secundaria. Los votos se tienen que tomar muy en serio y deberíamos hacer todo lo que está en nuestras manos para no romperlos.

En el caso de dieciséis de los dieciocho votos, son necesarios cuatro factores para que exista una ruptura completa en el compromiso del voto. Estos factores son:

- No ser consciente de las desventajas que subyacen al acto inadecuado.
- No tener deseo de detener el acto inadecuado.
- Disfrutar del acto inadecuado con placer o satisfacción.
- Carecer de sentido de culpabilidad o de rectitud.

El primer factor, no ser consciente de las desventajas que subyacen al acto, significa cometer una caída sin darse cuenta de que es una acción perniciosa. Es necesario conocer de qué conducta inadecuada se trata, de tal modo que podamos reconocerla y evitarla. Supongamos, por ejemplo, que empezamos a alabarnos a nosotros mismos pero entonces, de repente, nos damos cuenta de que es una conducta perniciosa. Este reconocimiento nos impide cometer una caída completa. Pero si no somos capaces de ver lo perjudicial que es un acto, entonces, con los otros tres factores, se trataría de una caída completa.

El segundo factor detalla la falta de contención a la hora de cometer una caída raíz. No solo tratamos de reconocerlas, sino apartarnos de esas acciones negativas. Del mismo modo, si obtenemos una sensación de satisfacción de esa acción, el tercer factor en el quebranto del voto queda demostrado. Y, finalmente, si no sentimos vergüenza cometiendo ese acto, entonces eso es un factor determinante en la ruptura del voto.

Como ya señalé anteriormente, estos cuatro factores son necesarios para que todas, salvo dos de las dieciocho caídas, sean completas y es muy importante que las conozcamos en el caso de que nos veamos quebrantando un voto. En ausencia de uno o más de estos factores, la acción sigue siendo una infracción, pero será un poco más ligera. Si nos arrepentimos de haberla cometido, comprendemos las desventajas que tiene nuestra conducta pasada o descubrimos que no obtenemos satisfacción o placer de ella, la caída es en cierto modo más ligera. Si, por otra parte, los cuatro factores en la ruptura del voto se encuentran presentes, entonces las consecuencias son muy graves.

Sin embargo, existen dos tipos de votos raíz, que no necesitan a los cuatro factores para considerarse "rotos". Estos incluyen albergar opiniones erróneas (como ver que las cosas existen de manera independiente o no creer en la impermanencia) y abandonar el compromiso de la aspiración altruista. Lo único que necesitamos es tener este tipo de mente para haber roto completamente el voto.

Existen varias maneras de restaurar los votos del bodhisatva, dependiendo de la tradición. En un caso, simplemente debemos reconocer plenamente que hemos tomado parte de una acción negativa y arrepentirnos de ellos, luego generar una sensación muy intensa de que queremos restaurar completamente nuestro compromiso con el voto. Purificamos el voto roto deseando hacerlo mejor.

Una vez que hayamos generado este deseo comprometido, realizamos tres postraciones, visualizamos a los Budas y a los bodhisatvas delante de nosotros y les pedimos que nos presten atención. A continuación, decimos nuestro nombre y atendemos a los votos en particular que hemos quebrantado, mientras generamos un intenso arrepentimiento y una profunda determinación de no repetir nuestra transgresión. Seguidamente, podemos recitar los votos que hemos roto o toda la lista, tres veces.

Si quebrantamos un voto raíz con los cuatro factores, es importante confesar nuestras transgresiones delante de otras cuatro personas. Sin embargo, si los cuatro factores no se encuentran presentes, podemos confesarnos a una persona que haya tomado los votos y que los entienda plenamente. Si no hay ninguna persona a la que poder confesarse, tenemos la opción de declarar nuestros errores delante de una estatua de Buda o durante una visualización, pero esta opción no es la ideal.

Pero una confesión sincera no supone necesariamente que no existan consecuencias negativas de nuestros actos. La palabra tibetana para expresar que algo está restaurado es "bendecido" y significa que, una vez que el voto quebrantado está bendecido, *no habrá más* consecuencias desafortunadas. Somos capaces de detener cualquier consecuencia adicional que emane de nuestras acciones negativas, pero las leyes del karma declaran que habrá una serie de consecuencias en general.

Un ejemplo común es el de un jarrón hecho con un cristal muy valioso. Si el jarrón se deja caer al suelo y se rompe, esa ruptura siempre estará allí, independientemente del cuidado con el que lo hayamos arreglado. Somos capaces de tomar los votos del bodhisatva un número infinito de veces, pero nunca deberíamos asumir que una ruptura de nuestro compromiso es un asunto inofensivo.

Los veintidós tipos de bodhichita

En los sutras *Prajnaparamita*, especialmente el que normalmente se denomina los *Veinticinco mil versos*, Buda explica los distintos niveles de la mente de la Iluminación. Ofrece veintidós analogías sobre cómo la bodhichita progresa hasta la Iluminación[49]. Es necesario tener en cuenta las distintas etapas, así como la consolidación uniforme que tiene lugar una vez que el practicante comienza a cultivar la mente del despertar.

1. *Fundamento*

   El primer nivel de la bodhichita se llama *fundamento*, ya que es la base sobre la cual se desarrollan los demás niveles, de la misma manera que la tierra es la base sobre la cual todas las cosechas se cultivan para permitir la supervivencia de todos los seres conscientes.

2. *Oro refinado*

   Cuando el oro está refinado, afirman los textos tradicionales, se vuelve completamente estable, y no se puede degradar con independencia de a qué esté sujeto: que se queme, se entierre o se trate con agentes químicos. Su composición pura inherente nunca cambiará. De la misma manera, cuando la mente de la Iluminación alcanza esta etapa, se establece completamente, después de que el practicante se haya dado plenamente cuenta de la falta de existencia inherente de todas las cosas (actor, acción y recipiente) y no hay posibilidad de degeneración cuando se encuentre con penalidades. Por tanto, este nivel mental se llama *oro refinado*.

3. *Luna creciente*

   Cuando la mente de la Iluminación del bodhisatva progresa en su aprendizaje, como en las seis perfecciones y en los treinta y siete aspectos de la Iluminación, se compara con la *luna creciente*, que aumenta continuamente su tamaño y su brillo. El *Abhisamayalamkara* afirma que esta mente es "todos los dharmas brillantes que crecen más y más"[50].

4. *Fuego*

   Cuanto más progrese el bodhisatva, más fuerte se vuelve su mente, capaz de destruir todos los obstáculos hasta alcanzar la Iluminación plena. Es como el *fuego*, que consume con facilidad muchos objetos inflamables en su camino.

5. *Gran tesoro*

   Este nivel de la mente se compara a un *gran tesoro*, un inmenso almacén de maravillosos objetos de deseo, abierto a todo aquel que sea capaz de llegar a él. Durante esta etapa, la generosidad del bodhisatva es tan inmensa que abarca las necesidades de todos los seres conscientes, proporcionándoles todo lo que quieren y necesitan.

6. *Fuente de joyas*
Cuando el practicante practica la perfección de la ética, entonces la bodhichita es como una *fuente de joyas* porque, imbuido de la ética, es capaz de sacar a la luz todas las demás cualidades positivas, como si se tratara de una fontana de joyas preciosas.

7. *Gran océano*
Con la perfección de la paciencia, la bodhichita se comparara con un *gran océano*. Al igual que el océano, existe quietud y tranquilidad en sus profundidades, por debajo de la turbulencia de las olas que se encuentran en la superficie. Para poder beneficiar a los seres vivos, los bodhisatvas deben pasar por muchas penalidades, pero en sus profundidades siempre existirá la paz.

8. *Vajra*
Cuando el practicante ha completado plenamente la perfección del esfuerzo dichoso, entonces la bodhichita es como un *vajra* adamantino, una perfección que es completamente indestructible. El viaje ha comenzado e, independientemente de los obstáculos que puedan aparecer, proseguirá hasta el final.

9. *Rey de las montañas*
Con la perfección de la concentración, la bodhichita es totalmente estable e inamovible, y el practicante nunca se distrae del aprendizaje de la bodhichita. De ese modo, la mente del despertar está asociada al *rey de las montañas*, siempre inmutable, independientemente de lo que esté sucediendo a su alrededor, ya sean guerras, tormentas, terremotos o cualquier otra fuerza elemental.

10. *Medicina más eficaz*
Cuando el practicante haya completado la perfección de la sabiduría dándose cuenta del vacío, la bodhichita se compara con la *medicina más eficaz*. Al igual que la

mejor medicina que cura todos nuestros males, la bodhichita elimina todos los obstáculos que nos impiden alcanzar la Iluminación.

11. *Amigo maravilloso*

Un bodhisatva necesita dominar muchas habilidades así que, en el siguiente nivel, donde el practicante es capaz de practicar el método perfecto de trabajar por el bien de todos los seres conscientes, la bodhichita se compara a un *amigo maravilloso*, dispuesto y capaz de ayudar a todos los seres, independientemente de las necesidades específicas que tengan.

12. *Joya que concede deseos*

Cuando el practicante es capaz de pronunciar extraordinarias plegarias y conseguir el propósito de esas oraciones sublimes, ese nivel de la bodhichita es como una *joya que concede deseos*, cumpliendo los propósitos de las oraciones del bodhisatva.

13. *Sol*

La bodhichita que está asociada a la perfección de la fuerza está asociada al *sol*. Al igual que el sol durante la época de la cosecha, la fuerza de su radiación es la fuente principal de la maduración de las cosechas.

14. *Cántico dulce de los gandharvas*

Cuando se alcanza la perfección del conocimiento, el conocimiento del universo que tiene el bodhisatva es completo y su enseñanza del Dharma es totalmente precisa, correcta y está de acuerdo con las necesidades de los seres conscientes, de tal modo que está asociada al mítico *cántico dulce de los gandharvas*, una melodiosa canción entonada por seres celestiales que llena de alegría todos los corazones.

15. *Gran rey*

Cuando el practicante es capaz de darse cuenta directamente del vacío y de las seis perfecciones, la bodhichita se compara con un *gran rey* que gobierna sabiamente, cuidando el bienestar de sus súbditos con absoluta seguridad. En este nivel, el bodhisatva no solo posee gran confianza y seguridad, sino también el poder absoluto para lograr sus fines.

16. *Almacén*

Como las prácticas del bodhisatva acumulan méritos a través de las primeras cinco perfecciones, y sabiduría a través de la última perfección, la bodhichita en este nivel se denomina un *almacén*, que contiene todo lo que es necesario para beneficiar a todos los seres conscientes.

17. *Gran carretera*

Cuando se completan los adiestramientos extraordinarios, como los treinta y siete rasgos de la Iluminación y las seis perfecciones, la mente de la bodhichita se asocia a una *gran carretera* por donde todo tipo de vehículos pueden transitar sin esfuerzo. Este ser es capaz de ayudar a todos los seres conscientes en diversos niveles de práctica: tanto a aquellos que buscan la liberación individual como a aquellos que se encuentran en el camino del bodhisatva.

18. *Gran vehículo*

Cuando la permanencia apacible se combina con una sabiduría especial, la extraordinaria compasión que se alcanza ayudará al practicante a evitar el extremo de la paz, mientras que el vacío le ayudará a evitar el extremo del samsara. Esto se compara a un *gran vehículo* que puede llevarle a su destino final, que es la Iluminación plena.

19. *Manantial*

Cuando el bodhisatva es capaz de impartir enseñanzas y ayudar a los demás sin la menor sensación de cansancio, la bodhichita se compara con un *manantial*. De la misma manera que el agua emana sin descanso de un manantial, el practicante en este nivel es una fuente continua de Dharma.

20. *Sonido dulce*

Cuando el bodhisatva es capaz de enseñar el Dharma sin esfuerzo a los seres conscientes que tratan de encontrar la liberación o la Iluminación plena, esto se compara con un *sonido dulce*. Todo lo que enseña el bodhisatva es profundo y elegante, como nuestra canción preferida, proporcionándonos una sensación de que todo es perfecto. Hasta cuando resume las enseñanzas más mundanas, el bodhisatva todavía posee la capacidad de darle el significado preciso y de ayudar a los bodhisatvas a comprender completamente ese significado, atrayéndonos hacia el Dharma igual que un sonido dulce nos atrae y nos deleita.

21. *Río*

Cuando el bodhisatva es capaz de mostrar a los seres conscientes que la Iluminación plena es el objetivo de todos y cada uno de nosotros, esto se compara a un *río* donde todos los seres fluyen de manera natural con la corriente en dirección al océano, que es la Iluminación plena.

22. *Gran nube*

En este último nivel de conciencia mental, la capacidad del bodhisatva para emanar en todo tipo de formas con el fin de beneficiar a todos los seres conscientes se compara a una *gran nube*. De igual modo que la nube trae la lluvia, permitiendo que crezcan las semillas independientemente del tipo que sean, así también, gracias a sus actividades, como llevar a cabo los doce actos de un Buda[51], el bodhisatva beneficia a todos los seres, independientemente de cuál sea su situación.

Es importante recordar que la mente de la bodhichita no es definitiva ni permanente. La mente debe moverse a través de diversos niveles, como aspirar y comprometerse a la bodhichita, o los veintidós tipos de bodhichita de los que acabamos de hablar. Alcanzar la verdadera mente de la Iluminación no es el objetivo final, sino un hito importante en el largo camino que conduce a la Iluminación. Lejos de sentirnos desanimados por este hecho, deberíamos sentirnos inspirados por él, ya que demuestra que existe un claro continuo que conduce de la mente que ahora tenemos a la mente que tendremos cuando finalmente alcancemos la Iluminación. Nos encontramos en algún punto de ese continuo; ya estamos en esa carretera.

Mantener y enriquecer la bodhichita en esta vida y en las futuras

MANTENER Y ENRIQUECER LA BODHICHITA EN ESTA VIDA

Tanto si la mente de la Iluminación se ha generado a través de la aspiración real de alcanzar la bodhichita mediante uno de los tres métodos que hemos descrito, como si es artificial y generada con la ayuda de un Maestro en un ritual, se trata de una mente muy valiosa. Por tanto, deberíamos hacer todo lo posible por aferrarnos a esa mente y no permitir que degenere, tratando de enriquecerla de la mejor manera que podamos.

Uno de los métodos para impedir que la mente de la Iluminación degenere es recordar constantemente los beneficios que proporciona tener este tipo de mente. Cuando leemos acerca de estos beneficios en grandes obras como el primer capítulo de la obra de Shantideva, *Una guía a la forma de vida del bodhisatva* o en *Los niveles del bodhisatva,* de Asanga, mantenemos una profunda sensación de la importancia que tiene la bodhichita.

También podemos conseguir esto recitando con regularidad una de las oraciones bodhichita. Esta podría ser una versión reducida que puedes encontrar en muchos libros de oraciones[52], o una versión más larga, como la que se recoge en las seis sesiones de gurú yoga en la FPMT[53].

Tradicionalmente, se dice que deberíamos pronunciar la oración del refugio y la oración bodhichita tres veces por la mañana y tres veces por la noche. Con el simple hecho de reflexionar sobre su significado mientras las recitas tantas veces como sea posible, tendremos un método extraordinario para mantener y enriquecer la mente de la Iluminación en esta vida.

Otra salvaguarda contra la degeneración de esta gran mente del despertar es mantener el alcance de la mente del despertar siempre en el corazón, y tomar la firme determinación de no abandonar nunca a ninguno de los seres conscientes, cueste lo que cueste, a pesar de las dificultades que puedan surgir, a pesar de la inmensa escala temporal que existe y a pesar de lo difíciles y desagradecidos que sean los seres conscientes. Esto requiere mucho valor pero si, como consecuencia de la aparición de algunos obstáculos, comenzamos a dudar del valor que tiene trabajar para todos los seres conscientes, la duda puede disipar completamente la bodhichita que hemos generado.

También podemos mantener y enriquecer la mente de la Iluminación realizando ofrendas a los objetos preciosos y en los lugares sagrados, mostrándonos generosos ante las personas que necesitan ayuda, o realizando prácticas de purificación. Todas estas prácticas concentran la mente de la Iluminación y, de ese modo, enriquecerla. Lama Tsongkhapa nos aconseja:

> Cuando hemos desarrollado la mente de la Iluminación
> a través del ritual, tratamos de acumular méritos a diario,
> realizando ofrendas a las Tres Joyas, y así sucesivamente,
> para poder incrementarla. Aunque no haya visto una fuente
> escrita para esto y solo la he escuchado de otros Maestros,
> es muy beneficiosa[54].

MANTENER Y ENRIQUECER LA BODHICHITA EN VIDAS FUTURAS

La manera de mantener la bodhichita en vidas futuras es ser muy honesto y sincero con nuestros abades, Preceptores y Maestros, que nos conducen hacia la Iluminación y son muy bondadosos con nosotros en muchos sentidos, como impartiéndonos enseñanzas y dándonos votos. También debemos ser honestos y sinceros con todos los seres conscientes, algo que muchas veces resulta más difícil de lo que podríamos asumir. Yo mismo tengo la costumbre de tomar el pelo a la gente, lo cual es muy peligroso, ya que se puede malinterpretar con mucha facilidad.

También es extraordinariamente importante ver a los demás seres que se encuentran en el camino espiritual como nuestros Maestros. No podemos ver la mente de otra persona y, por tanto, no tener forma de conocer lo lejos en el camino que podría encontrarse. Por tanto, deberíamos considerar a cualquier persona que esté tratando de desarrollarse espiritualmente como seres extraordinariamente importantes que poseen grandes cualidades y, sin el menor sentido de competición o de celos, regocijarnos de esas cualidades. Por último, podemos enriquecer nuestra mente del despertar manteniendo en todo momento una intensa determinación a conducir a todos los seres conscientes hacia la Iluminación. Implantar ese pensamiento de forma sincera en nuestra mente, recordarlo una y otra vez y tratar de convertirlo en la principal motivación para todo lo que hacemos mantendrá y enriquecerá nuestra bodhichita, una vida tras otra.

MANTENER LA BODHICHITA A TRAVÉS DEL ADIESTRAMIENTO MENTAL

Sin lugar a dudas, cuando comencemos a desarrollar la mente del despertar de la Iluminación aparecerán muchos problemas. Internamente, la mente que se aferra a lo intrínsico se ve seriamente amenazada, pondrá obstáculos en nuestro camino. Externamente, si no somos fuertes, aparecerán todo tipo de dificultades que pueden perjudicar nuestra decisión de trabajar para todos los seres. Para contrarrestar esto, los Maestros kadampa, empezando por el Maestro Atisha, creó una serie de enseñanzas especiales sobre la manera de convertir las dificultades en nuestro provecho. Este método generalmente se denomina *adiestramiento mental o transformación del pensamiento* (en tibetano: *lojong*).

Las enseñanzas *lojong* se han analizado a fondo tanto en los sutras como en los textos de los grandes Maestros de la India, como *Rosario de Joyas* de Nagarjuna, *Los niveles del bodhisatva* de Asanga y *Una guía a la forma de vida del bodhisatva* de Shantideva. Más tarde, los Maestros kadampa desarrollaron las técnicas de transformación del pensamiento, siendo la más famosa la que se recoge en la obra de Langri Thangpa, *Ocho versos sobre el adiestramiento mental* (véase apéndice). Por ejemplo, un verso dice:

> Aunque una persona a la que haya ayudado,
> O en la que haya depositado grandes esperanzas,
> Me maltrata gravemente de una manera dañina,
> Me prepararé para verlo como mi Maestro sublime[55].

Cuando tratamos de desarrollar la mente de la Iluminación, ¿cómo deberíamos reaccionar cuando las personas actúan de una manera completamente contraria y devuelven la ayuda que les hemos prestado con dolor? Este verso nos apremia a no sentirnos decepcionados o desalentados o a que no nos invada la sensación de que es inútil ayudar a estas personas, sino a verlas como amigas espirituales, porque nos proporcionan la oportunidad de desarrollar paciencia a través de nuestros actos y, por tanto, de fortalecer nuestra bodhichita. En lugar de tomarlo de manera personal, somos capaces de obtener valor viendo cómo están cegados por la ignorancia y por la aversión, completamente insensibles al dolor que se están infligiendo a sí mismos y a los demás. *Ellos* son específicamente los únicos para los cuales desarrollamos la bodhichita, más que para aquellas personas que no están afligidas, que nos dan las gracias por nuestra ayuda. Al estar tan obviamente hundidos en el lodazal de los engaños, nos están mostrando lo importante que son esas enseñanzas sobre la bodhichita y, como tal, son nuestros destacados Maestros, conduciéndonos hacia la práctica del Dharma de manera más intensa que nunca.

De igual manera, toda la literatura sobre el adiestramiento mental está diseñada para transformar la mente y hacernos ver que los problemas son oportunidades para enriquecer la mente de la Iluminación que ya poseemos. Estas prácticas beneficiosas se han extendido desde el linaje kadampa hasta las cuatro tradiciones que existen dentro del budismo tibetano. En el Lama Chöpa, el adiestramiento mental se incluye en la hermosa y larga oración final del lamrim.

> En resumen, independientemente de las apariencias que
> puedan aparecer, sean buenas o malas,
> Busco tu bendición para transformarlas en un camino
> que siempre enriquezca a las dos bodhichitas a través de la
> práctica de las cinco fuerzas –la quintaesencia de todo el
> Dharma– Y, por tanto, disfrutar de una mente dichosa[56].

Por tanto, deberíamos tomar todo lo que nos sucede en nuestra vida diaria –ya sea útil, perjudicial, alegre o triste– y usarlo como un medio de enriquecer nuestra mente de la Iluminación. Las cinco fuerzas, o poderes mencionados en los versos son:

- El poder de la intención
- El poder de la familiaridad
- El poder del antídoto
- El poder de la semilla blanca
- El poder de la plegaria

El poder de la intención se refiere a nuestra motivación. Si, independientemente de las circunstancias que aparezcan, nuestros actos del cuerpo, del habla y de la mente siempre están motivados por el deseo de alcanzar la Iluminación por el bien de todos los seres conscientes, es una mente inmensamente poderosa.

El segundo poder es el poder de la familiaridad, familiarizar constantemente la mente con la bodhichita, aprovechando cada circunstancia. Si podemos hacer esto, habituamos nuestra mente a ser positiva y a utilizar todo lo que sucede de una manera positiva.

Con el poder del antídoto, mantenemos como principal la mente que aprecia a los demás. Nuestro principal obstáculo para alcanzar la Iluminación es la mente egocéntrica y su antídoto es la mente completamente opuesta que considera a los demás como seres igual de queridos que nosotros mismos. Evocar incesantemente a la mente que aprecia a los demás nos permitirá mantener y cultivar la mente positiva, independientemente de lo que ocurra.

El poder de la semilla blanca, el cuarto poder, se refiere a las huellas positivas que colocamos en nuestra mente cuando realizamos acciones y reacciones positivas. Sin alejarnos nunca, sean cual sean las circunstancias, y aceptando nuestros actos, convertimos toda nuestra experiencia en el camino que conduce a la Iluminación.

El último poder es el poder de la plegaria, que significa visualizar con total claridad todos los Budas y los bodhisatvas que hay delante de nosotros y, a continuación, determinar firmemente que siempre poseeremos la mente de la Iluminación. Esto no es rezar como cuando rogamos ayuda a algún dios externo, sino utilizar las múltiples y maravillosas oraciones que hay dentro del canon budista para inspirar a nuestra mente e incrementar nuestra determinación. Un ejemplo clásico es la plegaria de dedicación de Shantideva que Su Santidad el Dalai Lama a menudo declara como su verso preferido:

Mientras perdure el espacio
Y mientras perduren los seres vivos
Hasta entonces yo también pueda permanecer
Para acabar con la miseria en el mundo[57].

Los versos de dedicatoria que se utilizan con mucha frecuencia en el budismo mahayana son igualmente poderosos para recordar a la mente del despertar de la Iluminación. Dos de los más comunes en la tradición tibetana son:

Debido a este mérito pronto pueda
Alcanzar el estado de Iluminación,
Que pueda ser capaz de liberar
A todos los seres conscientes de su sufrimiento.

Que la preciosa mente de Iluminación
Que todavía no ha nacido, emerja y se desarrolle.
Que aquella que nace no tenga un declive,
Sino que se incremente para siempre jamás[58].

6. LAS ACTIVIDADES DE LOS BODHISATVAS

La bodhichita suprema es el deseo de eliminar
Toda negatividad de cada ser vivo y proporcionar buenas
cualidades ilimitadas en cada uno de ellos.
Esto es algo sorprendente, incluso entre lo sorprendente[59].

Haber alcanzado la mente del despertar a la Iluminación es un logro realmente sorprendente pero, tal y como hemos visto, la tarea final está muy lejos de haber sido completada. Sin una formación en las actividades del bodhisatva llamadas *las seis perfecciones* y *los cuatro medios para atraer a los seres conscientes al Dharma*, la mente de la Iluminación carece de estabilidad y de fuerza para seguir en el camino para alcanzar la Iluminación. Estos diez adiestramientos incluyen a todos nuestros actos que benefician a los demás seres y tradicionalmente se denominan las actividades del bodhisatva.

Las seis perfecciones son ejercicios para desarrollar nuestra propia mente, mientras que los cuatro medios de atraer a los seres conscientes al Dharma son ejercicios para ayudar a otros seres. Aunque podemos darnos cuenta de que ambas serie de ejercicios nos ayudan en nuestra búsqueda de la Iluminación, podemos ver las maneras beneficiosas en las cuales nuestros actos también ayudan a los demás.

Las seis perfecciones

De las seis perfecciones, el gran Maestro Kamalashila, en su primera *Etapas de la meditación*, afirma:

Los bodhisatvas que han desarrollado la mente de la Iluminación comprenden que si no se subyugan, no serán capaces de subyugar a los demás. Por tanto, se someten a la práctica de la perfección de la generosidad y, así sucesivamente, porque sin ese adiestramiento no alcanzarán la Iluminación[60].

Las seis perfecciones son, la generosidad, la moralidad, la paciencia, la perseverancia o esfuerzo alegre, la concentración y la sabiduría.

Las enseñanzas de Buda se pueden dividir en el método y la sabiduría. La generosidad, la moralidad y la paciencia pertenecen a la categoría del método, mientras que la sabiduría obviamente pertenece a la categoría de la sabiduría. La perseverancia y la concentración se encuadran dentro de cualquier categoría, ya que son herramientas vitales necesarias para conseguir las demás perfecciones. Al igual que las dos alas separadas de un pájaro, las seis perfecciones nos conducen a nuestro destino final, el objetivo de la Iluminación.

Las seis perfecciones se tratan como materias separadas, pero no son cosas aisladas y se deberían practicar conjuntamente entre sí: la perfección de la generosidad debería practicarse junto a la moralidad, con paciencia, con esfuerzo dichoso, con concentración y con sabiduría, etc[61].

La interdependencia de las perfecciones es un concepto extraordinariamente lógico para nosotros, cuando nos paramos a pensar en ello. La generosidad no llega sin el esfuerzo y una parte de ese esfuerzo concentra deliberadamente la mente en ser generosa: en otras palabras, concentración. Y seguirá siendo una generosidad mundana hasta que la unamos a la sabiduría que la considera como totalmente carente de existencia inherente. Solo entonces se convierte en una actividad mahayana perfecta; solo entonces es la *perfección* de la generosidad.

Por tanto, es importante ver estas seis perfecciones no como prácticas individuales, sino como seis elementos de una práctica general, donde el método complementa a la sabiduría y la sabiduría complementa al método. Lama Tsongkhapa habla de esto en su *Lamrim Chenmo*, citando el sutra llamado *Enseñanza de Vimalakirti*:

¿Qué es la esclavitud para los bodhisatvas y qué es la liberación? El apego a errar en la existencia cíclica sin un método es esclavitud, mientras que progresar en la existencia cíclica con un método es liberación.
El apego a errar en la existencia cíclica sin una sabiduría es esclavitud, mientras que progresar a través de la existencia cíclica con sabiduría es liberación. La sabiduría que no está impregnada del método es esclavitud; la sabiduría que está impregnada del método es liberación. El método que no está impregnado de sabiduría es esclavitud; el método que está impregnado de sabiduría es liberación[62].

Lama Tsongkhapa continúa desarrollando la idea:

Por tanto, desde el mismo momento en el que aspiras a la Budeidad, debes depender tanto del método como de la sabiduría. Uno de esos elementos a solas no será suficiente[63].

La parte del método de nuestra práctica debe incluir a la sabiduría que comprende el vacío ya que, de lo contrario, siempre será débil. Por otra parte, si nos limitamos a meditar sobre la sabiduría, podemos desembocar fácilmente en la concentración estancada. Aunque nuestra concentración fuera perfecta, podemos perder fácilmente contacto con nuestra compasión, que es la única razón por la cual meditamos.

En la práctica tántrica de la deidad, por ejemplo, el practicante visualiza que se manifiesta como deidad desde la sabiduría que comprende el vacío y, a continuación, las actividades de esa deidad —purificar el mundo material, purificar la negatividad de los seres humanos, etc.— son manifestaciones de la bodhichita.

Lama Tsongkhapa nos presenta el ejemplo de la madre cuyo hijo único está enfermo. Aunque está cuidando de su hijo, tiene que seguir realizando sus otras actividades diarias, como preparar la comida, ir a coger agua, etc. Sin embargo, durante todas esas actividades, la preocupación por la salud de su hijo siempre está presente en su mente. De la misma manera, independientemente de la actividad que llevemos a cabo, hasta algo tan simple como dar a alguien un vaso de agua, siempre debemos tener en el fondo de nuestra mente un entendimiento del vacío. Esa es la sabiduría subyacente que se encuentra más allá de nuestros actos.

Es posible utilizar tanto la sabiduría como el método al mismo tiempo. Estamos muy familiarizados con hacer dos cosas al mismo tiempo: mientras estamos preparando la cena, los problemas del trabajo diario se encuentran presentes, dentro de nuestra cabeza y, mientras tanto, estamos pensando en lo que haremos de cena esa noche. Para personas como nosotros, combinar dos actividades probablemente resulta mucho más sencillo que hacer puramente una actividad. Por tanto, mientras tratamos de practicar la moralidad o la paciencia, deberíamos tratar de combinarla activamente con la sabiduría.

La doctrina budista declara que para volvernos seres iluminados tarde o temprano debemos ir más allá de los pensamientos conceptuales y pasar a la práctica directa. Pero, aunque existen algunos aspectos conceptuales que guardan relación con algunas prácticas como la generosidad y la paciencia, no suponen obstáculos para alcanzar la Iluminación. De hecho, estos pensamientos conceptuales positivos son vitales para nuestro progreso espiritual, ya que crean huellas beneficiosas en nuestra forma de pensar. Cuando Lama Tsongkhapa habla de abandonar los pensamientos conceptuales, no pretende que abandonemos las acciones positivas solo porque todavía no hayamos conocido el vacío.

Por esa razón, a menudo hablamos del deseo de reunir las *dos acumulaciones* en muchas plegarias budistas. Estas dos son la acumulación de méritos —desarrollar la parte del método de la práctica y la acumulación de la sabiduría— desarrollando un entendimiento de la naturaleza de la realidad. Es necesario dedicar cierto tiempo a hablar de las dos acumulaciones y de sus beneficios.

LA PERFECCIÓN DE LA GENEROSIDAD

La generosidad se refiere al estado mental en el cual estamos dispuestos a dar o a compartir todo lo que tenemos sin condiciones ni arrepentimiento. Existen muchos objetos con los que podemos ser generosos: nuestras posesiones, experiencias, conocimientos espirituales, protección, incluso las virtudes que hemos acumulado a lo largo de innumerables vidas. La generosidad se puede manifestar en forma de acciones verbales, como dar consejos a aquellas personas que los necesitan, o en forma de acciones físicas, como desprendiéndonos de lo que poseemos. Pero ciñéndonos al tema del que estamos hablando aquí, principalmente se considera un estado mental.

Para ser realmente generosos, necesitamos haber desarrollado un estado de completo desapego con respecto a nuestras posesiones. Pero la generosidad es algo más que una simple ausencia de apego. Es un desapego unido al deseo de compartir todo lo que tenemos, basándonos en un entendimiento de las necesidades de los demás.

Como la generosidad es una actividad fundamentalmente mental, el adiestramiento en la perfección de la generosidad se considera un ejercicio mental. A través de la contemplación, comenzamos a abrir nuestra mente a los demás y a aflojar emociones que se aferran a nuestras propias posesiones, desarrollando lentamente la capacidad de ofrecer cosas materiales, ayuda espiritual y protección.

Nuestro objetivo es beneficiar a todos los seres conscientes con nuestra generosidad, pero es importante comprender que alcanzar la perfección de la generosidad no depende de la eliminación de la necesidad a través de nuestros actos. El simple pensamiento de asumir este objetivo en nosotros mismos conduce a una frustración inmediata. En su *Lamrim Chenmo*, Lama Tsongkhapa afirma:

Experimentar la perfección de la generosidad no depende de la eliminación de la pobreza en todos los seres conscientes mediante la entrega de obsequios. Si ese fuera el caso, como todavía existe mucha pobreza [en el mundo], ninguno de los Conquistadores anteriores podría haberse experimentado la perfección de la generosidad[64].

Sin embargo, es muy posible desarrollar la mente que *desea* hacer esto. Al trabajar en el desarrollo de una mente que esté totalmente libre de cualquier forma de tacañería, nos acercamos al objetivo final de la Iluminación.

Para un practicante del Dharma, las posesiones más preciosas son las virtudes acumuladas a lo largo de innumerables vidas. Imagina que eres capaz de renunciar libre y felizmente a ellas para ayudar a los demás. La motivación para hacer esto es fruto del perfeccionamiento del estado de generosidad y, por esta razón, es importante ver las ventajas que ofrece esta mente y las desventajas que supone no poseer esa mente. La tacañería causará muchos problemas tanto a nosotros mismos como a los demás y, además, hará que la Iluminación sea absolutamente imposible. En un nivel mundano, piensa en lo miserables que son las personas tacañas.

También necesitamos mantener continuamente la motivación adecuada, la mente del despertar de la Iluminación. Debemos hacer esa motivación lo más global posible: no solo hacia algunos seres, sino a todos los seres vivos, y no solo una felicidad temporal y parcial, sino una libertad completa de todos los seres de la existencia cíclica.

Los tres tipos de generosidad

Los textos tradicionales clasifican la generosidad en tres tipos distintos:

- La generosidad de dar cosas materiales
- La generosidad de dar protección
- La generosidad de dar el Dharma

La primera forma de dar es dando cosas materiales. Desde entregar una pequeña moneda a un mendigo, hasta renunciar a todas las posesiones materiales, si nos aferramos al don de alguna manera, no hemos abierto plenamente nuestra mente.

Existe un principio general sobre lo que debemos dar y es que los beneficios a largo plazo siempre deberían ser de suma importancia. Aunque dar dulces a tus hijos podría hacerles felices ahora, nos damos cuenta de que tendrán graves consecuencias en el futuro. Por otra parte. Si podemos dar algo que perjudicará a alguien a corto plazo pero que ayudará a sus necesidades a largo plazo, *deberíamos* darlo. Esto se aplica al "amor severo" que una madre exhibe con su hijo, castigándolo sin estar movida por la ira, sino por el amor. Ella sabe que a largo plazo sus actos le beneficiarán. Pero debemos juzgar cada acción según sus efectos a corto y largo plazo. Si podemos dar algo que perjudica a su receptor a largo plazo, simplemente deberíamos abstenernos de hacerlo. En resumen:

- Daño a corto plazo, daño a largo plazo: no
- Ayuda a corto plazo, daño a largo plazo: no
- Daño a corto plazo, ayuda a largo plazo: sí
- Ayuda a corto plazo, ayuda a largo plazo: sí

Aunque los receptores de nuestra generosidad en teoría son seres *vivos*, en realidad tenemos relaciones enormemente distintas con diferentes seres. De ese modo, los textos nos dan consejos sobre las diversas maneras de ofrecer distintos elementos a todos los seres. A los amigos, dar sin apego. A los enemigos, dar con amor. A los extraños, dar con proximidad. A los que tienen buenas cualidades, dar con aspiración. A los que tienen defectos, dar con compasión. A los que son inferiores, dar sin arrogancia. A aquellos que son iguales, darles sin competir. A aquellos que son superiores, darles sin celos. A aquellos que son ricos y felices, darles sin resentimiento. Y a aquellos que son miserables y están desamparados, darles con profunda compasión.

Es necesario desarrollar la perspicacia que nos permite dar de manera adecuada, dar exactamente lo que los demás necesitan cuando más lo necesitan. Deberíamos ser capaces de dar sin la menor sensación de estrés. Y no deberíamos dar algo que se ha adquirido a través de un modo de vida equivocado, o dar de una manera que vaya en contra del sentido común. Nuestra expresión facial debería expresar una genuina alegría y el regalo se debería colocar dulcemente ante el receptor con dignidad y respeto. Yo mismo tengo problemas en este sentido cuando trato de dar algo a las personas necesitadas de Bodhgaya. Su manera de mendigar es demasiado agresiva y su necesidad es tan insaciable que necesito emplear mucha tolerancia para no irritarme. Un acto puro de generosidad se puede estropear fácilmente por la ira; es necesario que incluyamos la práctica de la paciencia con nuestra práctica de la generosidad.

La segunda manera de practicar la generosidad es proporcionar protección a aquellas personas cuyas vidas y posesiones están en peligro. Esto se puede deber a peligros naturales o artificiales, y la protección puede llegar en muchas formas. Aquellas personas que están enfermas necesitan protección de su enfermedad. Aquellas personas que tienen problemas mentales necesitan consejos. Aquellas personas que son indigentes necesitan protección de los elementos. Aunque cualquier protección que podamos proporcionar a los demás se considera generosidad, se piensa que la protección más generosa es aquella que impide las aflicciones mentales.

Los seres humanos necesitamos cosas para sobrevivir, pero es importante darnos cuenta de que para poder ayudarlos verdaderamente con sus necesidades a largo plazo, tenemos que demostrarles la manera de alcanzar por sí mismos una felicidad sin igual. Esto implica impartir consejos, compartir nuestros propios conocimientos sobre los asuntos espirituales y darles los tres tipos de votos: la liberación individual, los del bodhisatva y los votos tántricos. Si somos capaces de ayudarles a vivir dentro de las tres enseñanzas de la moralidad, de la concentración y de la sabiduría, les hemos proporcionado el mejor regalo de todos.

Los seis factores extraordinarios

Se dice en las enseñanzas mahayana que cuando practicamos las seis perfecciones, desde la generosidad a la sabiduría, deberíamos enriquecer la mente con una serie particular de mentes llamadas *los seis factores extraordinarios*. Estos son:

- Base extraordinaria
- Actitud extraordinaria
- Objetivo extraordinario
- Punto de vista extraordinario
- Dedicación extraordinaria
- Pureza extraordinaria

La base extraordinaria simplemente se refiere a la mente de la Iluminación en sí y al hecho de que nuestra práctica de la generosidad es consecuencia de esta mente, en lugar de una base más mundana. La generosidad es una mente positiva por sí misma, pero está asentada sobre la mente que desea alcanzar la Iluminación por el bien de todos los seres conscientes, la base extraordinaria, es la más poderosa de todas. Tanto si el obsequio es grande como pequeño, con la mente de la bodhichita como base de la intención, el resultado es inmenso.

La actitud extraordinaria se refiere a la manera en la que ofrecemos el obsequio. Tal vez no es más que una taza de té, pero la actitud extraordinaria es el deseo de que el receptor consiga todo lo que desea. La mente no debería limitarse de ninguna manera, ya que hasta un pequeño regalo que está acompañado por una mente inmensa tendrá una consecuencia positiva para el receptor.

Por supuesto, cuando entregamos una taza de té a alguien que está sediento, el resultado evidente es que estamos liberando a esa persona de su sed. Pero esto no es más que una ayuda temporal. Si emparejamos el beneficio inmediato con el beneficio final —el deseo de liberarlos de su existencia cíclica— hasta el acto más sencillo de bondad exhibe un objetivo extraordinario.

El punto de vista extraordinario es la mente que se da cuenta de la naturaleza final de la acción que estamos realizando. Cuando nos comprometemos a dar, es muy importante vernos a nosotros mismos como el donante, el objeto, la acción de dar y el receptor del don, todo de manera simultánea, como un fenómeno que carece completamente de una existencia intrínseca.

Una vez que hemos dado, nuestra acción debería estar dedicada al objetivo de alcanzar la Iluminación para todos los seres conscientes. El siguiente factor extraordinario es la dedicación extraordinaria, asegurarnos de que nada de lo que hacemos es por satisfacción o por beneficio personal, sino solo por alcanzar la Iluminación.

Finalmente, la pureza extraordinaria supone realizar nuestro acto de dar sintiéndonos completamente libres de cualquier tipo de aflicción, como el apego, los celos o el orgullo negativo. Cualquier aflicción de estas oscurecerá o bloqueará nuestra consecución de la Iluminación.

Aunque he analizado estos seis factores individuales en el contexto de la generosidad, se aplican a cada perfección individual. Lama Tsongkhapa entra en detalles sobre las perfecciones que acompañan a cada factor extraordinario, subrayando su importancia y su significancia específica.

Los principales obstáculos para practicar la generosidad

La práctica de dar al principio puede que no nos llegue de manera natural. Esta falta de familiaridad es nuestro principal obstáculo para alcanzar la perfección de la generosidad. Los miedos y las dificultades aparecerán simplemente porque no es nuestra costumbre compartir las cosas. Para contrarrestar eso, deberíamos pensar: "Hasta ahora no he estado familiarizado con esta mente de la generosidad y no he dedicado mi tiempo a este tipo de práctica. Si continúo con esto, nunca aprenderé a dar a los demás y nunca alcanzaré mi objetivo de la Iluminación por el bien de todos los seres conscientes. Por tanto, debo superar esta falta de familiaridad".

También podríamos luchar contra el miedo a que nuestra propia fortuna entre en declive. Poseer y aferrarse a las posesiones no es la respuesta final, para nuestra felicidad o para la felicidad de los demás, y debemos utilizar este razonamiento para asegurarnos a nosotros mismos que la ganancia a largo plazo merezca los sufrimientos a corto plazo. La respuesta final es alcanzar la Iluminación, lo cual implica superar este miedo.

El apego es otro obstáculo, en particular para las cosas hermosas y valiosas. La mejor manera de superar este obstáculo es contemplar profundamente la naturaleza de la impermanencia, viendo que, independientemente de lo mucho que ese objeto o esa persona signifique para nosotros, tarde o temprano tendremos que partir.

Como ya he dicho, las seis perfecciones no son cosas que practiquemos por separado y, por tanto, mediante la perfección de la generosidad, las otras cinco llegan a actuar de acuerdo con las demás. Por tanto, si estamos practicando la generosidad, al comprometernos con la promesa que hemos hecho de ayudar a los demás, también estamos practicando la *moralidad* de la generosidad. Y cuando nos enfrentamos a las dificultades practicando esa generosidad, también estamos practicando la *paciencia* de la generosidad.

Los seres humanos muchas veces se muestran desagradecidos cuando los ayudamos, pero si esperamos algo a cambio de nuestra bondad, no estamos actuando movidos por la pura generosidad. Cada vez que el sentimiento de enojo o de irritación aparece en nosotros, y sentimos que no estamos siendo apreciados, debemos aplicar la paciencia y comprender que no hay necesidad de conseguir una recompensa ostensible al final de un acto de bondad.

Esto no nos llega sin esfuerzo, así que entra en juego otra perfección: *la perseverancia dichosa.* Cambiar cualquier hábito requiere un esfuerzo y no solo estamos hablando de un esfuerzo a regañadientes, sino que es consecuencia de conocer lo positiva que es una acción y encontrar dicha en ella. Al concentrarnos en nuestro objetivo principal, todavía encontramos necesaria la perseverancia dichosa para seguir adelante con nuestra práctica.

Nada de esto sucederá espontáneamente y sin dedicación, así que también es necesaria la quinta perfección, la *concentración*. Y la perfección de la generosidad no es considerada una perfección hasta que vaya acompañada de la *sabiduría*, la sexta perfección.

La generosidad no posee una existencia inherente; no existe de manera independiente a otros factores. Lógicamente, comprendemos que para ser un acto de generosidad, el acto en sí necesita a los seres conscientes como receptores de esa generosidad. Por tanto, depende de ese factor, así como de muchos otros, como nuestra motivación, el acto en sí, el objeto de la acción, etc.

La generosidad debería practicarse no solo de acuerdo con el entendimiento del vacío, sino también con la bodhichita, donde no existe el menor asomo de interés personal.

Cuando alcanzan el nirvana, los arhats y los pratyekabudas están completamente libres de cualquier apego. Pero eso no significa que su práctica de la generosidad sea la misma que la del bodhisatva. Su motivación es diferente y su proceso mental es distinto. Aunque esos grandes arhats que han alcanzado el nirvana no sienten apego a sus cuerpos, a sus pensamientos, a sus pertenencias o al tiempo, su práctica de la generosidad no es *principalmente* por el bienestar de todos los demás seres.

En el primer capítulo de *Entrada al Madhyamaka (Madhyamakavatara)*, al describir cuál de las seis perfecciones es adecuada para quién, Chandrakirti afirma que practicar la generosidad es particularmente adecuado para las personas laicas, al igual que uno de los principales antídotos a nuestro apego. Esto es comprensible, porque el apego significa mantener las cosas cerca de nosotros y un constante deseo, mientras que a través de la práctica de la generosidad aprenderemos a despojarnos de lo que consideramos que es "mío", como nuestras posesiones y nuestro tiempo.

LA PERFECCIÓN DE LA MORALIDAD

Una vez que se ha generado la mente de la Iluminación, el practicante debería ejercitarse en la moralidad o en la disciplina ética para poder enriquecerla. Esta segunda perfección se considera una base sin la cual resultaría imposible desarrollar las otras grandes cualidades necesarias.

Al igual que sucede con la generosidad, la perfección de la moralidad se basa en nuestros actos positivos en lugar de hacerlo en la verdadera eliminación de la negatividad que asola a este mundo. Mientras el daño y la inmoralidad estén presentes, nunca seremos capaces de resolver los problemas del mundo o eliminar todo el sufrimiento. Eso es simplemente imposible. Aunque deberíamos hacer un intento por eliminar las injusticias externas, el principal adiestramiento para la perfección de la moralidad es perfeccionar la disciplina ética dentro de nosotros, que depende de nuestra propia mente y no de circunstancias externas. Lama Tsongkhapa afirma:

La moralidad es la actitud que transforma tu mente que perjudica a los demás y las fuentes de ese daño. Por tanto, deberías alcanzar la perfección de la moralidad a través de un incremento constante de tu familiaridad con ese tipo de mente, hasta que finalmente la alcances. Sin embargo, no es el caso que puedas alcanzar la perfección de la moralidad a través de liberar a los seres que hay en el mundo externo del daño. Si ese fuera el caso, entonces, como todavía hay seres conscientes que sufren daños, los Conquistadores anteriores no habrían completado la perfección de la moralidad y, por tanto, no habrían sido capaces de guiar a esos seres a la liberación de su daño[65].

Los tres tipos de moralidad

Existen tres categorías de moralidad:

- La moralidad de refrenarse de la maldad.
- La moralidad de acumular méritos.
- La moralidad de beneficiar a los seres conscientes.

El primer rasgo de la moralidad se refiere a refrenarse de cometer cualquier acto del cuerpo, del habla y de la mente que pudiera perjudicar a los demás. Estas acciones no virtuosas se pueden clasificar en dos tipos de negatividades: aquellas que son negativas por naturaleza y aquellas que son negativas como consecuencia de la situación. Algunas acciones como matar o robar son negativas por naturaleza en el sentido de que se aplican a todo el mundo y a cualquier circunstancia sin excepción. Cualquier que cometa uno de esos actos –personas corrientes, monjes o monjas ordenadas, incluso bodhisatvas– está cometiendo una negatividad.

Esta lista de los actos negativos por naturaleza, o erróneos, incluye a las diez no virtudes. Los siete primeros son actos físicos: tres del cuerpo –matar, robar y la mala conducta sexual– y cuatro del discurso: mentir, lanzar discursos que separen a la gente, dedicar palabras duras y chismorrear. Las tres últimas son acciones mentales –odio, apego e ignorancia (o punto de vista equivocado)– y sirven como motivación de las siete anteriores. Estos se consideran los diez actos fundamentales de los que debemos abstenernos.

Sin embargo, algunas actividades, no son negativas *por naturaleza*, sino que se basan en las circunstancias para hacerlas negativas. Por ejemplo, comer después del mediodía se considera una acción errónea para los monjes y monjas que estén plenamente ordenados como consecuencia del voto que han hecho. El practicante que haya tomado los votos del bodhisatva ha realizado el compromiso de adiestrar la mente de la Iluminación desarrollando las seis perfecciones. Por tanto, no seguir las seis perfecciones se considera una acción negativa, no porque no sea ética por naturaleza no cumplirla, sino porque no ser capaz de hacerlo supone ir en contra de los preceptos que ha tomado el practicante.

Por tanto, practicar la perfección de la moralidad supone contenerse de llevar a cabo cualquier acción dañina, ya sea natural o circunstancial, acompañada de un adiestramiento en el resto de perfecciones y en los seis factores extraordinarios.

Acumular méritos se refiere al poder que esa adherencia a nuestros votos proporciona a la mente. Esto también es la práctica de la moralidad. Una acción positiva, como contenerse de los chismorreos se vuelve más positiva cuando somos conscientes de que, al no hacerlo, estamos manteniendo un voto. Como existe una identificación consciente (o incluso inconsciente) con una acción positiva, el efecto en nuestra mente es mucho más intenso y, por tanto, "acumulamos" una impresión meritoria, que nos acerca mucho más a la Iluminación.

Acumular méritos supone asegurarnos de que las seis perfecciones no se deterioran y una mayor determinación a dominar las prácticas más avanzadas que al principio podrían parecernos demasiado difíciles.

Cuando en la práctica de cualquier acción positiva no estamos superados por las dificultades, sino que somos capaces de afrontarlas sin necesidad de recurrir a una acción negativa, eso también se considera una acumulación de méritos. Es relativamente sencillo ser virtuoso cuando la vida es sencilla, pero resulta mucho más difícil cuando tenemos una montaña de problemas internos y externos que resolver. Practicar la moralidad acumulando el mérito de las acciones positivas tiene mucho más peso bajo esas circunstancias. Las dificultades sin duda aparecerán y no debemos permitir que interfieran en nuestras actividades.

La tercera categoría es la moralidad de beneficiar a los seres conscientes. Esto implica el conocimiento de que nuestra adherencia a los votos afecta a los demás de una manera positiva y, por tanto, nos sentimos motivados a mantener nuestro compromiso. Cuando cada mañana tomamos los ocho preceptos mahayana, juramos no cometer las ocho acciones erróneas desde la salida del sol hasta el ocaso[66]. Nuestra motivación es puramente beneficiar a los demás y en eso consiste la verdadera moralidad.

La segunda y la tercera moralidad son especialmente importantes para aquellos que han tomado los votos del bodhisatva. Al igual que con las demás perfecciones, la pura motivación es esencial para alcanzar la Iluminación perfecta, al igual que el objetivo de beneficiar a todos los seres vivos. Solo llegamos a esto a través de una serie de medios ingeniosos de unir la moralidad con la sabiduría que comprende el vacío.

LA PERFECCIÓN DE LA PACIENCIA

Creo que casi todo el mundo estará de acuerdo en que la paciencia es una virtud muy noble que hace que nuestra vida sea mucho más sencilla y pacífica. La relajación mental es el resultado de la madurez emocional y tiene un valor incalculable tanto para nosotros como para los demás. La perfección de la paciencia es justamente esta mente, la cualidad mental que nos permite contenernos de reaccionar con ira o mala voluntad ante los actos de los demás, independientemente de lo perjudiciales que puedan ser. Esto es algo más que limitarnos a soportar el daño de los demás mientras nos enfurecemos en silencio; consiste en soportar el daño con una mente perfectamente relajada, sin irritación o ira.

Cuando el dolor y el sufrimiento aparecen como consecuencia de los actos de los demás, el adiestramiento en la paciencia implica comprender todas las circunstancias que rodean al problema que ha ocurrido y no solo nuestra respuesta emotiva a él. Debemos aprender a aceptar nuestra parte en el dolor que estamos sintiendo. Esto se consigue a través de una firme convicción en el Dharma y a través de un entendimiento completo del karma y de las teorías psicológicas del budismo.

Al igual que sucede con las otras dos perfecciones, el adiestramiento en la paciencia no se concentra en el éxito externo, como liberar a todos los seres de la capacidad para infligir dolor a los demás. Tampoco se concentra en distanciarnos de todas las posibles fuentes del dolor. El deseo de ayudar a todos los seres y de apartarnos de ellos al mismo tiempo es claramente contradictorio, al igual que el deseo de desarrollar paciencia pero estar libre de todo lo que pudiera ponerla a prueba.

Es posible eliminar el odio, la ira y la mala voluntad de nuestra mente. Cuando eso sucede, ninguna falta de armonía, agresión o abuso que proceda de los demás será incapaz de incomodarnos. En ese sentido, podemos implicarnos en los actos del bodhisatva. Shantideva afirma:

> Los seres malvados son ilimitados como el espacio;
> Posiblemente no pueden ser vencidos todos,
> Pero si supero únicamente los pensamientos de ira
> Será el equivalente a derrotar a todos los enemigos.

> ¿Dónde podría encontrar suficiente cuero
> Con el que cubrir la superficie de la tierra?
> Pero (vestir) cuero solo en las suelas de mis zapatos
> Es el equivalente a cubrir la tierra con él.

> De igual manera, no me resulta posible
> Frenar el curso externo de las cosas;
> Pero, si pudiera contener mi mente
> ¿qué necesidad habría de contener todo lo demás?[67]

Resulta muy útil contemplar los beneficios inmediatos, así como los beneficios a largo plazo que proporciona tener paciencia, los cuales son enormes. Un grado elevado de paciencia proporcionará de forma inmediata paz y calma, lo cual se irradiará a la familia, a los amigos y a la sociedad, beneficiándolos y, en consecuencia, beneficiándonos a nosotros mismos. Imagina cómo sería haber perfeccionado realmente la paciencia y vivir en un estado donde nada nos irrita lo más mínimo, donde pase lo que pase, la mente permanece tranquila y clara.

Por el contrario, también es bueno contemplar las desventajas que ofrece no poseer paciencia. Todos podemos recordar algún momento en el que hayamos perdido la paciencia y hemos empeorado una situación que ya era mala de por sí como consecuencia de ello. Vivir con ira e irritación no solo daña a los objetos de nuestra ira, sino también a nuestra propia paz y salud, así como a nuestras relaciones con los demás. Proporciona falta de paz, sueño ligero y una distorsión del modo en el que percibimos el mundo. Probablemente, todos hemos experimentado cómo hasta los alimentos más deliciosos no nos saben a nada cuando estamos dominados por la ira.

Al analizar las consecuencias inmediatas de la falta de paciencia, no podemos sobrestimar la severidad de aferrarnos a la ira a lo largo de muchas vidas. Muchos Maestros citan la ira como la mayor destructora de nuestra virtud y como un obstáculo en el camino que conduce a la Iluminación y afirman que un momento de ira puede destruir eones de virtud. Esto podría ser difícil de aceptar, pero te animo que verdaderamente analices el concepto y su énfasis en nuestra práctica.

Los tres tipos de paciencia

Existen varias formas de desarrollar la paciencia, pero tradicionalmente se señalan tres:

- La paciencia de aprender a rechazar el daño.
- La paciencia de aprender a aceptar los distintos niveles de sufrimiento.
- La paciencia de aprender a superar todos los sentimientos adversos a través de la comprensión del Dharma.

Aprender a rechazar el daño es algo que se explica por sí mismo y entra dentro del plano de lo que normalmente asociaríamos a la paciencia. Aprendemos a hacer caso omiso del daño que nos han hecho a nosotros, a nuestros amigos, a nuestra familia o a nuestras posesiones, analizando cómo los pensamientos negativos como la ira y la agitación emergen a través de la falsa sensación de que un agente externo nos está impidiendo alcanzar lo que deseamos. Queremos algo —una carrera profesional, un buen momento, una relación confortable— y, sin que sea culpa nuestra, alguien nos impide conseguirlo. Necesitamos tener la sabiduría suficiente para ver que la principal causa de nuestro sufrimiento tiene sus raíces dentro de nosotros mismos, aunque otras causas podrían actuar como las condiciones que hacen posible que el sufrimiento nos afecte.

La paciencia se desarrollará cuando contemplemos la situación y veamos que no somos las víctimas de los demás, sino de nuestros propios puntos de vista engañosos. El daño que han infligido en nosotros no aparece sin una causa ya que ellos también son víctimas de sus propios puntos de vista engañosos. De igual manera que no existe ninguna razón para enfadarnos con nosotros mismos, tampoco existe una razón para sentirnos enfadados con los demás.

Es natural culpar a los demás como la causa de nuestra frustración o de nuestro dolor, pero cuando profundizamos en cualquier situación, nos damos cuenta de que la causa casi nunca es la que se muestra en la superficie. De igual manera que carecemos de un control total, ellos carecen de ese tipo de control. De igual manera que carecemos de responsabilidad plena, ellos carecen también de dicha responsabilidad. Si lo vemos de esta manera, descubriremos que no existe una justificación para sentir impaciencia y podemos aprender a rechazar cualquier frustración que nos proporcione una situación dada.

También podemos desarrollar paciencia aprendiendo a aceptar algunos de los niveles básicos de sufrimiento, especialmente el sufrimiento que es inevitable, como el que depende del simple hecho de tener un cuerpo y una mente. Nuestro cuerpo es imperfecto y, en consecuencia, tanto si funciona bien en este momento o no, está sujeto a ser el recipiente de todo tipo de sufrimiento. De igual manera, nuestra mente está controlada por las emociones aflictivas y, por tanto, aunque pudiéramos sentirnos relativamente tranquilos y contentos en este momento, se dan las condiciones para que se produzca la insatisfacción y el dolor mental. Tarde o temprano, aparecerá el sufrimiento.

El sufrimiento es inevitable, tanto si hablamos de enfermedades leves o graves, de agitación mental o de las frustraciones causadas por el modo en que es la vida. La impaciencia solo agrava la situación. En lugar de sentirnos impacientes, podemos con habilidad convertir esa incomodidad en una situación beneficiosa. Esta es una de las cualidades de una persona que desea avanzar en el camino del bodhisatva.

El camino del bodhisatva es difícil por muchas razones. Como está orientado a la destrucción de la mente egoísta, aparecerán todo tipo de obstáculos cuando tratemos sinceramente de progresar en él. La actitud egocéntrica que nos ha dominado durante innumerables vidas pasadas siempre ha tratado de encontrar la felicidad, haciendo caso omiso del efecto que tiene en los demás. Cuando comenzamos a dar la vuelta a esa situación, como por ejemplo cuando practicamos la moralidad de no hacer daño a los demás, eso significa que nos apartamos de muchas de nuestras habituales fuentes de felicidad temporal. La mente egocéntrica reaccionará a esto. El conflicto interno y la incomodidad inevitablemente emergerán hasta que hayamos ascendido por encima de la mente egoísta habitual.

Sean cuales sean los problemas que aparezcan cuando tratamos de darle la vuelta a nuestra mente, se deberían ver como los inevitables efectos secundarios de la destrucción de la mente egocéntrica y deberían, como la incomodidad que produce una fuerte medicina, ser aceptados e incluso bienvenidos como parte del camino. Los dolores y las dificultades que aparecen como consecuencia de dar un vuelco a nuestra mente de manera tan notable no solo se deberían considerar algo inevitable, sino muy valioso. Cuando nos enfrentamos al sufrimiento, ¿podemos analizarlo plenamente y ver su causa? Nos encontramos en mitad del experimento más importante de nuestra vida, sin intelectualizar secamente sobre él desde la distancia. En lugar de sentir agitación y, a continuación, desarrollar impaciencia, ira y emociones negativas, deberíamos utilizar las dificultades a las que nos enfrentamos como herramientas en nuestro propio proceso de aprendizaje.

El sufrimiento nunca es completamente inútil. Aunque no seamos capaces de ver cómo es creado por nuestra propia mente egocéntrica, deberíamos ver cómo el sufrimiento emerge simplemente porque somos instrumentos del karma que está atrapado en la existencia cíclica. Experimentar sufrimiento es una de las claves principales para apartar la mente de la existencia cíclica, empleando los rasgos menos agradables de nuestras experiencias diarias para que nos ayuden a rechazarlo completamente.

Además, no somos los únicos que estamos atrapados en el samsara; todos los demás seres se ven igualmente rebotados de una situación desagradable a otra. Sin un profundo entendimiento del sufrimiento, somos incapaces de apreciar las penalidades por las que pasan los demás y no podemos desarrollar las sorprendentes cualidades mentales del amor y de la compasión. Nada de este mundo sería posible si no sufriéramos y, por tanto, aunque es algo innegablemente doloroso, también es nuestra herramienta más valiosa. Existe una razón que explica por qué la verdad del sufrimiento fue la primera enseñanza de Buda.

La tercera manera para desarrollar la paciencia consiste en cultivar un conocimiento claro y profundo de las enseñanzas de Buda y de las cualidades de las Tres Joyas. Este conocimiento nos ayudará a colocarnos por encima de la agitación o de la ira. Al recordar eso, nuestro principal objetivo es beneficiar a todos los seres vivos, ayudarlos a experimentar una mente plenamente despierta, seremos capaces de afrontar las dificultades con mayor facilidad.

El Dharma nos llevará más allá de estas dificultades. Necesitamos un conocimiento profundo de por qué nosotros y todos los demás sufrimos y esto se puede aprender en las enseñanzas de Buda, como los doce vínculos del origen dependiente de los que hablamos anteriormente, donde la causa crea la consecuencia en un ciclo infinito. La contemplación de los doce vínculos nos ayudará a expandir nuestro horizonte mental y a ver las cosas desde un prisma más amplio cuando estemos sufriendo, en lugar de reducir nuestro enfoque al dolor en particular o a la dificultad que estamos experimentando en un momento.

Cuando hablamos de la perfección de la paciencia, estamos hablando de algo más que de la paciencia mundana. Estamos hablando de la paciencia que se practica en el contexto de las acciones de los bodhisatvas, con elementos incluidos de otras perfecciones para poder enriquecerla. Los seis factores extraordinarios, cuando se practican conjuntamente con la perfección de la paciencia, forman un elemento esencial del camino del bodhisatva.

LA PERFECCIÓN DEL ESFUERZO ALEGRE

La perfección del esfuerzo o perseverancia alegre es crucial si queremos experimentar plenamente la mente del despertar. Al principio del camino del bodhisatva, podemos tener muchos objetivos altruistas. Pero el desarrollo de la perseverancia dichosa nos permite finalmente alcanzar esos objetivos.

Cuando practicamos la perseverancia dichosa, realizar actividades virtuosas no nos proporciona la menor sensación de agotamiento, aburrimiento o falta de confianza. Por el contrario, experimentamos una profunda alegría que permite a la mente concentrarse completamente en esa actividad virtuosa. Con ese tipo de mente ligera y dichosa, comportarnos de manera virtuosa se vuelve algo sencillo y natural. Al igual que una nube que está en el cielo y flota sin esfuerzo sobre la brisa, la perseverancia dichosa se mueve con muy poco sentido de agotamiento o de incomodidad. Sin la perseverancia dichosa, hasta los proyectos más simples parecen laboriosos y agotadores.

Al igual que sucede con todas las aventuras virtuosas, desarrollar la perseverancia dichosa despertará muchos obstáculos en nuestra mente. Durante muchas vidas, hemos estado persiguiendo el placer temporal en busca de lo que creemos que nos conducirá a una felicidad duradera. Este hábito es excepcionalmente difícil de romper. Podemos tomar la decisión de mantener una dieta sana, pero todavía tenemos antojos de chocolate. De igual manera, la "necesidad" de lo que resulta trivial y autodestructivo persistirá mucho después de que hayamos comprobado lógicamente lo beneficioso que resulta seguir la virtud y que es el único camino que conduce a la verdadera felicidad.

La desidia es otro obstáculo muy habitual. La mente a la que le resulta demasiado difícil coger el libro del Dharma ("Están dando mi programa preferido de la televisión") o determina que está demasiado cansado como para acudir a una sesión de enseñanzas de Dharma ("Tengo que madrugar mañana para ir a trabajar") es un bloqueo grave para desarrollar la perseverancia dichosa. También lo es la falta de autoestima: "Soy demasiado incapaz, nunca podré convertirme verdaderamente en una persona mejor". El antídoto a ese desprecio por uno mismo es desarrollar un entendimiento profundo de la naturaleza de Buda que todos poseemos y ver que nada es imposible con perseverancia.

Es esencial recordar, y creer, que todas las cualidades a las que aspiramos llegarán. Existen muy pocas epifanías en el budismo; en gran medida, se trata de un proceso gradual de profundización de nuestro conocimiento hasta que nuestros temas de estudio e investigación vayan más allá de lo intelectual y se experimenten directamente. Con las materias budistas importantes, como la ley de causa y efecto, la impermanencia, el origen dependiente y el desarrollo del amor y la compasión, nuestra perseverancia en nuestros estudios *sin lugar a dudas* nos acercará cada vez más a la activación de nuestro potencial de Buda latente. En el nivel más mundano, nos convertiremos en mejores personas y comenzaremos a experimentar una forma de felicidad más profunda y ligera. Pero, a la vez, veremos claramente el camino que se extiende ante nosotros y desarrollaremos la fuerza necesaria para seguirlo, a pesar de las dificultades.

El budismo no es una filosofía abstracta, sino un manual para vivir mejor que finalmente nos conducirá a la Iluminación. Pero todavía luchamos por ver esto cada día, en lugar de vernos atrapados en lo que Lama Yeshe llamaba "los placeres de chicle" de la vida cotidiana. Con determinación firme, evolucionaremos hacia el tipo de persona que queremos ser, sabiendo que es posible lograrlo.

Sería conveniente saber que no nos encontramos al comienzo del largo camino que conduce a la Iluminación. Aunque todavía no seamos altruistas, ya hemos dado muchos pasos que nos apartan del egocentrismo completo y del engaño. Hemos comenzado a explorar las mentes positivas y a desarrollarlas. Tal vez tenemos una mente fuerte y concentrada, pero suele centrarse en los objetos mundanos del presente; puede que sintamos gran cantidad de compasión, pero está deteriorada por una mente que es hiperactiva. Todos tenemos defectos y virtudes. Nuestra tarea ahora consiste en eliminar los defectos mientras desarrollamos las virtudes. Resulta crucial que mantengamos nuestra felicidad en el camino, al mismo tiempo que perseveramos en nuestra determinación, avanzando de forma apacible y constante.

Esto nos lleva a darnos cuenta de que, aunque tenemos un potencial ilimitado, en un nivel práctico y cotidiano, tenemos nuestros límites. He visto a muchas personas venir a las enseñanzas del Dharma llenas de entusiasmo y decididas a alcanzar la Iluminación sin un momento de demora. Pero muchas de ellas, por desgracia, se queman rápidamente e incluso se apartan completamente del camino espiritual. El budismo no es un sprint, sino una maratón; para ver todo el camino que conduce a la Iluminación que hay delante de nosotros necesitamos saber que nos encontramos en él hasta el final. Y, por tanto, el ritmo de nuestro progreso es importante. Tomemos el camino medio: desarrolla la capacidad de no acelerar mucho o con demasiada fuerza, pero no avances tampoco de manera parsimoniosa o relajada. Llegarás a la Iluminación de manera lenta pero segura.

Los tres tipos de perseverancia dichosa

Se dice que hay tres tipos de esfuerzo alegro o perseverancia dichosa:

- Perseverancia dichosa parecida a una armadura.
- La perseverancia dichosa de cultivar las necesidades de la Iluminación.
- La perseverancia dichosa de trabajar por el bienestar de todos los demás.

La perseverancia dichosa que se asemeja a una armadura significa cultivar una intensa determinación de protegernos a nosotros mismos para superar todos los obstáculos. Al igual que un soldado que se protege con una armadura ante el ataque de un enemigo, necesitamos que esta mente derrote a los enemigos internos a los que nos enfrentamos, como la falta de autoestima, la impaciencia, el desaliento y la abstracción. Al igual que la armadura de un soldado detiene a cualquier arma que se utiliza contra ella, con la perseverancia dichosa nunca nos dañarán las dificultades que surjan, ya sea interna o externamente. Es la determinación a no retroceder jamás mientras cultivamos la mente de la Iluminación.

El segundo tipo de perseverancia dichosa consiste en el proceso de reunir las virtudes necesarias para cultivar la mente de la Iluminación. Esta es la cara positiva de la renuncia y supone ascender por encima de la mente mundana del apego y la aversión. En este momento, podemos ver con claridad todo lo que es necesario para alcanzar la Iluminación y trabajamos sin descanso hacia su consecución.

El objetivo de la Iluminación es poder trabajar a nuestra máxima capacidad por el bien de todos los seres conscientes. El tercer tipo de perseverancia dichosa es solo eso, tener las agallas suficientes para avanzar todo el camino y aportar una felicidad total a todos los seres conscientes que hay en el universo. Creo que estarás de acuerdo en que ese tipo de mente necesita algo más que un poco de perseverancia. Tal y como dice la oración del lamrim en Lama Chöpa:

> Aunque deba permanecer durante un océano de eones en los terribles infiernos del Avici.
> Por el bien de hasta el último ser consciente,
> Busco tus bendiciones para completar la perfección del esfuerzo dichoso,
> Para tratar de encontrar con compasión la Iluminación suprema y no sentirme desalentado[68].

Solo estamos trabajando hacia la Iluminación y, por tanto, cada acción que emprendemos debería tener como motivación el deseo de proporcionar felicidad a los demás. Para ello, debemos cultivar una intensa bodhichita, la sabiduría necesaria para darnos cuenta del vacío y, finalmente, una perseverancia dichosa. Khunu Rinpoche afirma:

> Si la mente se ve humedecida por la bodhichita,
> Uno encuentra la dicha en abandonar las malas acciones,
> Uno encuentra la dicha en practicar la virtud,
> Y uno encuentra la dicha en eliminar los temores.

> De igual modo que alguien que tiene hambre encuentra la dicha en el alimento,
> De igual modo que alguien que está sediento encuentra la dicha en el agua,
> De igual modo que alguien que tiene frío encuentra la dicha en el fuego,
> Así el ser sagrado encuentra la dicha en la bodhichita[69].

LAS PERFECCIONES DE LA CONCENTRACIÓN Y LA SABIDURÍA

Las últimas dos perfecciones son la concentración y la sabiduría. Cualquiera que haya estudiado la filosofía budista sabrá muy bien la importancia que tienen ambos elementos. La concentración se refiere a la mente que tiene enfoque y claridad y en el budismo mahayana esta concentración se considera una herramienta, no un objetivo en sí. Comenzamos a desarrollar concentración en un único punto y, seguidamente, utilizándola como base, desarrollamos la bodhichita y la sabiduría.

La perfección final es la sabiduría y aquí de nuevo debemos distinguir entre la sabiduría que comprende el vacío y la perfección de la sabiduría. La sabiduría que comprende el vacío se produce en el camino de la liberación individual, mientras que la perfección de la sabiduría tiene lugar en el camino del bodhisatva, donde se asocia a la bodhichita. En ambos, la práctica se realiza para eliminar la raíz misma del samsara, pero en el caso de la perfección de la sabiduría, la motivación consiste en obtener el máximo beneficio para otros seres conscientes.

La sabiduría que comprende el vacío es un tema muy amplio y hablo tanto de la concentración como del vacío en el quinto libro de la serie de *Los fundamentos del pensamiento budista*, llamado el *Gran Vacío*. Para obtener un análisis mayor, es preferible consultar esa guía.

Todos poseemos las semillas de estas seis perfecciones en las acciones que llevamos a cabo cada día. Ahora, nuestra tarea consiste en desarrollar esas cualidades positivas hasta que vayan más allá de las mentes positivas simples y se conviertan en verdaderas perfecciones, donde cada una de ellas va asociada a las demás, especialmente a la perfección de la sabiduría. Estas son las herramientas de las que dispone el bodhisatva para acercarse más y más a la mente final de la Iluminación.

Ejercitándonos en la perfección de la generosidad, desarrollaremos la capacidad de compartir completamente todo lo que "poseemos" –nuestro patrimonio, nuestras virtudes, etc.– sin la menor sensación de pérdida o de apego. Experimentaremos el verdadero deseo de compartirlo y, con ese enorme paso, nuestro objetivo de beneficiar a los demás se vuelve muy práctico.

De igual modo que la generosidad proporciona beneficios tanto a los demás como a nosotros mismos, así también lo hace la moralidad, la segunda perfección en la cual decidimos contenernos de dañar a los demás de cualquier manera posible. Si nuestro propio continuo mental puede liberarse completamente del deseo de hacer daño, experimentaremos la perfección de la moralidad y nuestro objetivo de beneficiar a los demás será muy profundo.

La perfección de la paciencia nos permitirá ayudar a los demás y, sin embargo, nunca sentiremos irritación, ira o mala voluntad, sean cuales sean las circunstancias en las que nos encontremos. La perfección de la perseverancia dichosa nos permitirá superar los obstáculos internos y externos a los que podríamos enfrentarnos, permitiéndonos continuar nuestro camino sin vernos afectados por el desaliento o la distracción. La perfección de la concentración nos permitirá cultivar la base mental para el desarrollo de las cualidades positivas mentales y la perfección de la sabiduría nos permitirá eliminar toda la confusión que nos proporciona dolor y sufrimiento, bloqueándonos de nuestro objetivo de ayudar a los demás.

Con estas perfecciones cultivadas en nuestro interior, la Iluminación se puede alcanzar con facilidad. Las tres primeras perfecciones nos ayudan a cultivar la parte del método de la práctica, mientras que la última perfección, la sabiduría, nos ayuda a cultivar la parte de la sabiduría. Las dos perfecciones intermedias ayudan tanto al método como a la sabiduría. Una vez activadas ambas "alas", el practicante puede trascender fácilmente el estado mundano y no iluminado hasta convertirnos en un Buda plenamente iluminado, capaz de beneficiar a todos los seres vivos de manera espontánea.

Para aquellas personas que sinceramente siguen el camino del bodhisatva, es extraordinariamente importante no concentrarse en solo un área, como la sabiduría que es consciente del vacío, sino ejercitarse por igual en la generosidad, en la moralidad, en la paciencia, en la perseverancia dichosa y en la concentración.

Los cuatro medios para atraer a los seres conscientes al Dharma

De las diez acciones del bodhisatva, las seis perfecciones se consideran las acciones de un bodhisatva que se cultivan para poder progresar hacia la Iluminación. Las otras cuatro acciones, los cuatro medios de atraer a los seres conscientes al Dharma, tienen que ver con conducir a los demás seres conscientes hacia la Iluminación. Estas son:

- Dar
- Dedicar palabras amables
- Enseñar según el nivel del alumno
- Practicar lo que se enseña

La acción de dar podría parecer similar a la perfección de la práctica de la generosidad, pero el foco principal no es nuestro desarrollo personal, sino el de los demás. Podemos ver cómo la generosidad es un gran beneficio para nosotros, pero como parte de los cuatro medios, nos concentramos en el beneficio que se proporciona a los demás. Reaccionamos a las necesidades de los demás tratando de satisfacerlas.

Comunicarnos de manera eficaz con los demás es una parte esencial de nuestra capacidad para llegar a los demás y ayudarlos, mientras que una comunicación deficiente, aunque sea con las mejores intenciones, tiene la capacidad de producir mucho daño y tristeza.

Buda afirma lo siguiente respecto al discurso adecuado:

El discurso que el Tathagata sabe que es incierto, incorrecto y perjudicial, y que también es rechazado y desagradable para los demás: es un discurso que el Tathagata no utiliza. El discurso que el Tathagata sabe que es cierto, correcto, pero no es beneficioso, y que también es rechazado y desagradable para los demás: es un discurso que el Tathagata no utiliza.

El discurso que el Tathagata sabe que es cierto, correcto y beneficioso, pero que es rechazado y desagradable para los demás: es un discurso que el Tathagata conoce el momento de utilizarlo.

El discurso que el Tathagata sabe que es incierto, incorrecto y no beneficioso, y que también es bienvenido y agradable para los demás: es un discurso que el Tathagata no utiliza. El discurso que el Tathagata sabe que es cierto y correcto, pero que no es beneficioso y que es bienvenido y agradable para los demás: es un discurso que el Tathagata no utiliza.

El discurso que el Tathagata sabe que es cierto, correcto, beneficioso y que es bienvenido y agradable para los demás: el Tathagata conoce el momento de utilizarlo.

¿Por qué se produce esto? Porque el Tathagata tiene compasión por los seres[70].

La enseñanza según el nivel del alumno implica algo más que limitarse a dar una charla formal sobre el Dharma. Cada vez que damos consejos a alguien o que hablamos de filosofía o de psicología con ellos, estamos tratando de alguna manera de ayudarles a comprender su situación para que así puedan mejorar de algún modo. Todo el mundo tiene distintos problemas, predisposiciones mentales y formaciones culturales, así que nunca hay una respuesta general que pueda satisfacer a todo el mundo. Antes de dar un consejo a alguien, deberíamos tratar de hacer todo lo posible por conocer de dónde procede. Si proporcionamos consejo compasivo sin un sentido de las necesidades y experiencias específicas del que lo busca, el consejo diseñado para aliviar un problema podría fácilmente exacerbarlo. Esa es la motivación de muchos cursos de asesoramiento, donde las personas se preparan para escuchar de manera activa lo que la otra persona diga (o lo que no diga) y para empatizar con ellos antes de darles un verdadero consejo. Podría ser completamente inadecuado enseñar a un cristiano moribundo conceptos relacionados con el vacío, o instruir a un niño sobre la impermanencia. Necesitamos ser muy habilidosos con nuestras palabras y ser plenamente conscientes de su efecto en el oyente.

El último medio de atraer a los seres conscientes al Dharma es el ejemplo que damos: practicar lo que enseñamos. Este punto es extraordinariamente importante si queremos beneficiar a los demás. Si no somos un buen ejemplo para los demás, entonces por supuesto que todo lo que digamos tendrá poco efecto, y las personas no confiarán en nosotros y ni estarán de acuerdo con nuestras palabras. Si convertimos en un objetivo principal ser un buen ejemplo, entonces hasta una simple palabra puede marcar una diferencia notable en la vida de otra persona.

No debería haber ninguna contradicción entre lo que decimos y nuestro modo de vida. ¿Cómo se puede creer en una persona que dice una cosa y hace todo lo contrario? Debemos reforzar las enseñanzas y los consejos que damos a los demás siendo un modelo de esos mismos principios.

Estos cuatro medios para atraer a los seres conscientes al Dharma son orientaciones para aquellas personas que deseen beneficiar a los demás a gran escala. Con una actitud generosa, atraeremos a las personas. Por medio de una capacidad de comunicación eficaz, los demás nos escucharán y nos entenderán. Al comprender las disposiciones mentales de los demás y al darles buenos consejos, podemos realmente llegar a beneficiarlos. Y, para poder conseguirlo, necesitamos predicar con el ejemplo siendo un modelo de lo que hablamos.

Junto a las seis perfecciones, estas cuatro cualidades nos sacarán de nuestro estado actual y nos conducirán a la Iluminación.

Conclusión

Cultivar la mente de la Iluminación del despertar en nuestro interior es la joya de la práctica budista. Aunque todavía no hayamos conseguido alcanzar de manera plena y genuina la mente de la Iluminación en este momento, el simple acto de cultivarla será extraordinariamente beneficioso. Este cultivo y esta práctica es la verdadera clave para llevar una vida plena de sentido. Para embarcarse en el camino del bodhisatva, y dedicar nuestra vida a ayudar a los demás, avanzamos *activamente* hacia la ausencia de existencia intrínseca y, en última instancia, hacia la Iluminación.

Cultivar esta mente supone desarrollar la fuerza, los recursos, las habilidades y comprender que necesitamos beneficiar a todos los seres conscientes. Si este tipo de mente no es la mente más preciosa posible, entonces ¿qué tipo de mente lo es?

Puede que no sea sencillo, porque carecemos de familiaridad y entendimiento de la mente del despertar, así como entusiasmo y las instrucciones adecuadas. Llevará tiempo y nos enfrentaremos a algunos desafíos. Pero esos desafíos merecen la pena. Soportar las penalidades no es algo nuevo; soportamos cada día todo tipo de ellas para obtener placeres temporales y algunos amigos íntimos. Lo que ahora debemos hacer es reconcentrar nuestras vidas de tal modo que las penalidades que soportamos sean por el bien de objetivos que merezcan la pena… y el objetivo que más merece la pena es la mente de la Iluminación. Si descubrimos que carecemos de la convicción de progresar más allá, solo necesitamos mirar las palabras de Shantideva, Khunu Rinpoche y Su Santidad el Dalai Lama para encontrar el aliento y el énfasis en lo meritorio de esta sorprendente mente.

En tibetano tenemos un dicho: si la comida es deliciosa pero no tienes dientes, limítate a masticar con las encías. Este es el alimento más delicioso, servido en la mesa ante nosotros y es para nosotros si así lo pedimos. Aquí está la felicidad definitiva combinada con la capacidad definitiva para ayudar a muchos otros seres. Tal vez todavía somos bebés bodhisatvas y todavía no nos han salido los dientes para disfrutar plenamente de este banquete, pero deberíamos masticarlo con nuestras encías de la mejor manera que podamos. No hay en el mundo nada que merezca más la pena. De hecho, en mi opinión, no hay nada más en el mundo que merezca la pena.

APÉNDICE

Ocho versos sobre el adiestramiento mental
Compuestos por Langri Tangpa (1054-1093)[71]

Con el deseo de alcanzar la meta suprema
Que supera incluso a una gema que satisface nuestros
deseos,
Me adiestraré en todo momento
Para estimar a todos los seres conscientes como
seres supremos.

Cada vez que interactúe con los demás,
Me veré a mí mismo como inferior a todos;
Y me adiestraré para considerar a los demás superiores
desde lo más profundo de mi corazón.

Durante todas mis actividades examinaré mi mente,
Y en cuanto aparezca la aflicción —Ya que pone en peligro
tanto a mí como a los demás—
Me adiestraré para enfrentarme a ella y evitarla.

Cuando me encuentre con seres de carácter difícil
Y aquellos que están oprimidos por un intenso karma
negativo y por el sufrimiento,
Como si encontrara un tesoro lleno de joyas preciosas,
Me adiestraré para apreciarlos, ya que son muy difíciles de
encontrar.

Cuando los demás, movidos por los celos,
Me traten mal con abusos y calumnias,
Me adiestraré para soportar la derrota sobre mis
Hombros y ofrecer la victoria a los demás.

Aunque uno al que haya ayudado.
O en quien he depositado grandes esperanzas,

Me maltrate gravemente de manera dañina,
Me adiestraré para considerarlo como mi Maestro sublime.

En resumen, me adiestrare para ofrecer beneficio y
dicha a todas mis madres, tanto de manera directa como
indirecta, y asumiré sobre mí con respeto
Todos los daños y dolores de mis madres.

Asegurándome que todo esto permanece limpio
de las manchas de las ocho preocupaciones
mundanas,
Y comprendiendo que todas las cosas son ilusiones,
Me adiestraré para liberarme del cautiverio del
aferramiento.

GLOSARIO

ABHIDHARMA (sánscrito): una de las tres "cestas" de enseñanzas extraídas de los sutras, relacionada con la metafísica y la sabiduría.

AFLICCIONES MENTALES: *véase emociones aflictivas.*

ARHAT (sánscrito): es un practicante que ha alcanzado el estado de no más aprendizaje según el vehículo de Liberación individual.

ARYA (sánscrito): un ser "superior", o uno que ha alcanzado una comprensión directa de la vacuidad.

BODHICHITA (sánscrito): es la mente que desea de forma espontánea alcanzar la Iluminación para beneficiar a los demás; es el corazón completamente abierto y delicado.

BODHICHITA ARTIFICIAL: Es una bodhichita que se ha inducido durante la meditación pero que no posee la fuerza necesaria para proseguir entre sesiones.

BODHICHITA: es una bodhichita que se produce de manera espontánea, tanto dentro como fuera de las sesiones de meditación.

BODHISATVA (sánscrito): es alguien cuya práctica espiritual se dirige hacia la consecución de la Iluminación por el bienestar de todos los seres; una persona que posee la motivación compasiva de la bodhichita.

BODHISATAVAYANA (sánscrito): es el "vehículo" o sendero del bodhisatva.

BUDA, (sánscrito): es el Buda histórico, Sakyamuni Buda.

BUDA, un (sánscrito): es un ser completamente Iluminado; una persona que ha eliminado todos los oscurecimientos que velan la mente y ha desarrollado todas las buenas cualidades de la perfección; es la primera de las Tres Joyas de Refugio.

BUDADHARMA (sánscrito): son las enseñanzas de Buda.

CESACIÓN: es el final de todo sufrimiento, normalmente se refiere a la tercera de las cuatro verdades nobles –la verdad de la cesación del sufrimiento y de sus causas.

CINCO AGREGADOS: es la forma tradicional budista de división del cuerpo y la mente. Los agregados son forma (cuerpo), sensación, discernimiento, factores composicionales y consciencia (mente).

CUATRO SELLOS, LOS: son los principios básicos del budismo, también llamados los cuatro principios o los cuatro axiomas. Son (1) todos los fenómenos compuestos son impermanentes, (2) todos los fenómenos contaminados son, por naturaleza, sufrimiento, (3) todos los fenómenos están vacíos de existencia intrínseca y (4) el nirvana es la verdadera paz.

CUATRO VERDADES NOBLES, LAS: es el primer discurso de Buda; las cuatro verdades nobles son la verdad del sufrimiento, la verdad del origen del sufrimiento, la verdad de la cesación del sufrimiento y la verdad del sendero que conduce a la cesación del sufrimiento.

DESARROLLO DE LA PERMANENCIA APACIBLE (sánscrito, *shamatha*; tibetano, *shiné*): es la meditación para el desarrollo de la concentración en un solo punto (samadhi), la mente que está completamente libre de la agitación sutil y del espesor o hundimiento sutil.

DHARMA: (sánscrito): literalmente significa "aquello que protege (a uno del sufrimiento)"; muchas veces se refiere a las enseñanzas de Buda, pero de manera más general, se refiere a cualquier cosa que ayude al practicante a alcanzar la Liberación; es la segunda de las Tres Joyas de Refugio.

RELACIÓN DEPENDIENTE: es el origen en dependencia de las causas y de las condiciones.

EMOCIONES AFLICTIVAS: (sánscrito: *klesha*): son las mentes causadas por la confusión fundamental sobre cómo existen las cosas y los acontecimientos; el segundo nivel de confusión que enturbia nuestra mente y produce sufrimiento.

LAMA TSONGKHAPA (1357-1419): un gran Maestro tibetano y fundador de la tradición guelug.

LAMRIM (tibetano): el sendero gradual que lleva a la Iluminación: las presentación tradicional de las enseñanzas de Buda según la escuela Guelug de budismo tibetano.

LAMRIM CHENMO (tibetano): *Las grandes etapas del sendero*; es el extenso texto de lamrim escrito por Lama Tsongkhapa.

MADHYAMAKA (sánscrito): el camino medio; la más elevada de las cuatro escuelas filosóficas de la India que se estudia en los monasterios tibetanos.

MAHAYANA (sánscrito): literalmente el Gran Vehículo; representa a una de las dos principales divisiones del pensamiento budista; la tradición mahayana se practica en Tíbet, Mongolia, China, Vietnam, Corea y Japón; el pensamiento mahayana pone énfasis en la bodhichita espontánea, en la sabiduría que comprende la vacuidad, y en la Iluminación.

MENTE EN EQUILIBRIO: es la mente que está libre de todo espesor o hundimiento, y agitación, la novena y última etapa de la meditación shamatha.

NATURALEZA DE BUDA: es la capacidad que tiene la mente para experimentar amor y entendimiento total; la mente más fundamental, oscurecida actualmente por las emociones aflictivas.

NIRVANA (sánscrito): es un estado de libertad de todos los engaños y del karma, una vez liberados de la existencia cíclica (samsara).

NOBLE ÓCTUPLO SENDERO: es el discurso de Buda en el cual explica los distintos atributos que debemos desarrollar para alcanzar la Liberación del sufrimiento; éstos son; recto lenguaje, recta acción, rectos medios de vida, recto esfuerzo, recta atención, recta concentración, recto entendimiento y recto pensamiento.

OYENTE: es uno de los dos tipos de arhats (aquellos que han logrado el estado de no más aprendizaje en el vehículo de liberación individual) que ha alcanzado dicho estado a través de seguir a un Maestro o a sus enseñanzas. El otro tipo es el "pratyekabuddha".

PALI: es el idioma de la India antigua utilizado en los primeros textos canónicos budistas (Theravada).

PRAJNAPARAMITA (sánscrito): es la perfección (*paramita*) de la sabiduría (*prajna*); cuerpo de sutras mahayana que enseñan explícitamente el vacío, aunque enseñan implícitamente los senderos del bodhisatva. El *Sutra del Corazón* es un ejemplo.

SADHANA (sánscrito): es el manual de meditación que se utiliza en la práctica del yoga de la deidad tántrica.

SAMSARA (sánscrito): la existencia cíclica, el estado de renacimiento constante por causa de los engaños y el karma.

SÁNSCRITO: es el antiguo idioma indio utilizado en los textos Mahayana.

SERES CONSCIENTES: es un ser que siente, cualquier ser que tenga una mente que busque de manera instintiva la felicidad y evitar el sufrimiento.

SHAMATA (sánscrito): véase desarrollo de la tranquilidad.

SHASTRA (sánscrito): es un clásico comentario indio sobre las enseñanzas de Buda.

SUFRIMIENTO, LOS TRES TIPOS DE: es una de las maneras de clasificar el sufrimiento en las cuatro nobles verdades; existe el sufrimiento del sufrimiento, el sufrimiento del cambio (la tendencia de los fenómenos impermanentes a causar insatisfacción) y el sufrimiento que lo impregna todo (el modo en el que toda la existencia está impregnada de imperfección).

SUFRIMIENTO QUE LO IMPREGNA TODO: es el más sutil de los tres tipos de sufrimiento, impregna toda nuestra existencia; los otros dos son el *sufrimiento del sufrimiento* y el *sufrimiento del cambio*.

SUTRA (sánscrito): un verdadero discurso de Buda.

SUTRA PITAKA (sánscrito): es una de las tres cestas de las enseñanzas de Buda; son textos que contienen sus discursos públicos.

SUTRAYANA (sánscrito): es el vehículo de la tradición mahayana que toma los sutras budistas como su principal fuente de textos.

TANTRA (sánscrito): literalmente, hilo o continuidad; un texto de enseñanzas esotéricas del budismo; con frecuencia se refiere a esas mismas enseñanzas.

TANTRA DEL YOGA SUPERIOR: (sánscrito, *anuttarayoga tantra*): es el más elevado de las cuatro clases de tantra; las otras son, acción (sánscrito, *kriya*), representación (sánscrito, *charya*) y el tantra yoga.

TANTRAYANA (sánscrito): (también Mantrayana, Vajrayana) es el vehículo del tantra.

TATHAGATA (sánscrito): literalmente "el que así ha venido"; es un epíteto para designar a un Buda, especialmente al Buda histórico.

THERAVADA (sánscrito): "Camino de los Ancianos". La rama del budismo que coge el canon pali antiguo como su fuente. Conocido como "hinayana" (vehículo menor) en contraste con el mahayana (vehículo mayor). Este término es a menudo considerado despectivo.

TRES NIVELES DE MOTIVACIÓN, LOS: son los tres niveles de adiestramiento dentro del lamrim (el camino gradual a la Iluminación), que son; el nivel inicial, concentrado en adquirir un renacimiento afortunado; el nivel medio, concentrado en la liberación del samsara; y el nivel superior, concentrado en la Iluminación plena.

TRES JOYAS, LAS: es el nombre común con el que se conoce a los tres principales refugios en el budismo, el Buda, el Dharma y la Sangha.

TRES VENENOS, LOS: ignorancia, aversión y apego –los tres estados de la mente principales que nos mantienen en el samsara– de los cuales emergen todas las demás emociones aflictivas.

VACÍO (sánscrito: *shunyata*): es la naturaleza de la realidad: que todos los fenómenos carecen (o están "vacíos") de existencia intrínseca o inherente.

VEHÍCULO DE LIBERACIÓN INDIVIDUAL: es el vehículo o el camino que conduce a la liberación, el objetivo final de la tradición theravada

VAJRAYANA (sánscrito): (también mantrayana, tantrayana) es el vehículo del tantra.

VOTOS DE LIBERACIÓN INDIVIDUAL (sánscrito: *pratimoksha*): son los votos que están asociados al vehículo de liberación individual; el primero de los tres niveles de votos que se pueden tomar, los otros son los votos del bodhisatva y los votos tántricos.

VOTOS PRATIMOKSHA (sánscrito): véase *votos de liberación individual.*

BIBLIOGRAFÍA

Arya Vimuktisena y Haribhadra. *Abhisamayalamkara with Vritti and Aloka*. Traducido por Gareth Sparham, jain Publishing Company, 2006

Drupa, Gyalwa Gendun. *Training the Mind in the Great Way. Ithaca, NY; Snow Lion Publications, 1993*

Lama Chöpa, Extended Edition, Taos, NM: FPMT Inc, 2004.

Gyatso, Lobsang. *Bodhichita: Cultivating the Compassionate Mind of Enlightment*, Ithaca, NY: Snow Lion Publications, 1997.

Gyatso, Tenzin, Su Santidad el Dalai Lama. *Transforming the Mind: Teachings on Generating Compassion*. Londres: Thorsons, Jinpa, Thupten, traducción. *Mind Training: The Great Collection*. Boston: Wisdom Publications, 2005.

Khunu Rinpoche. *Vast as the Heavens, Deep as the Sea: Verses in Praise of Bodhichita*. Traducido por Gareth Sparham. Boston: Wisdom Publications, 1999.

Garfield, Jay. *The Fundamental Wisdom of the Middle Way: Nagarjuna's Mulamadhyamakakarika*. Nueva York: Oxford University Press, 1995.

Nanamoli, Bhikkhu y Bhikkhu Bodhi, traducción. *Middle Length Discourses of the* Buddha: *A Translation of the Majjhima Nikaya*. Boston: Wisdom Publications, 1995.

Pabonka Rinpoche. *Liberation in the Palm of Your Hand: A Concise Discourse on the Path to Enlightment*. Traducido por Michael Richards. Boston: Wisdom Publications, 1991.

Shantideva. *A Guide to the Bodhisatva's Way of Life (Bodhisatvacharyavatara)*. Traducido por Stephen Batchelor. Dharmasala, India: Library of Tibetan Works and Archives, 1979.

Tsering, Tashi. *Psicología budista*. Ediciones Amara, Ciutadella de Menorca, 2007.

Las cuatro verdades nobles, Ediciones Amara, Ciutadella, 2006.

Tsong kha pa Blo bzang grags pa. *Byang chub lam rim che ba.* Xining: Mtsho sngon mi rigs dpe skrun khang, 1985

Tsongkhapa. *Great Treatise on the Stages of the Path to Enlightenment (Lamrim Chenmo)* Xining: Mtsho sngon mi rigs dpe skrun khang, 1985.

NOTAS

1. Shantideva. *A Guide to the Bodhisatva's Way of Life*. Traducido por Stephen Batchelor, III:32. (Dharmasala, India: Library of Tibetan Works and Archives, 1981), pág. 27.

2. Khunu Rinpoche. *Vast as the Heavens, Deep as the Sea: Verses in Praise of Bodhichita*. Traducido por Gareth Sparham, vv. 70 y 77. (Boston: Wisdom Publications, 1999), pág. 49.

3. Ibíd., v. 98, pág.

4. Shantideva. *A Guide to the Bodhisatva's Way of Life*. I:21-22, pág. 7.

5. Ibíd., I:7, pág. 4

6. Ibíd., I:10, pág. 5

7. *Arat* es el término que se emplea para designar a un practicante del vehículo de liberación individual que ha alcanzado el camino final de los cinco senderos, *no más aprendizaje*, o liberación de la existencia cíclica.

8. Shantideva. *A Guide to the Bodhisatva's Way of Life*. III:36, pág. 26.

9. Tsongkhapa. *Lamrim Chenmo*. Mtsho sngon edición (*Byang chub lam rim che ba*. [Xining: Mtsho sngon mi rigs dpe skrun khang, 1985]), pág. 300. Todas las citas traducidas por Gueshe Tashi Tsering.

10. Citado en Gyatso, Lobsang. *Bodhichita: Cultivating the Compassionate Mind of Enlightment*, Ithaca, NY: Snow Lion Publications, 1997. Pág. 18.

11. Shantideva. *A Guide to the Bodhisatva's Way of Life*. VI:2-3, pág. 57.

12. Khunu Rinpoche. *Vast as the Heavens*, v. 37, pág. 37.

13. Nuestra conciencia es la combinación de muchos acontecimientos mentales que se producen de manera simultánea. En la piscología budista, se dividen en la mente principal y los factores mentales. Las mentes principales son cinco mentes principales sensoriales (visual, auditiva, etc.) y la mente principal mental, que puede ser perceptual o con-

ceptual. Los factores mentales son todas las mentes que atienden a estas mentes principales. Para una explicación completa véase Tsering, Tashi. *Psicología budista*. Ediciones Amara, Ciutadella de Menorca 2007. Págs. 21-42.

14. Citado en Tsongkhapa. *Lamrim Chenmo*, pág. 291.

15. Khunu Rinpoche. *Vast as the Heavens*, v. 140, pág. 73.

16. Citado en Gyatso. *Bodhichita*, pág. 11.

17. Para una explicación de la mente y los factores mentales, véase Tsering. *Piscología Budista*, págs. 21-42.

18. Los doce vínculos de origen dependiente son una serie de doce causas y efectos que muestran la naturaleza cíclica de nuestra vida. Los doce vínculos son la ignorancia, el karma, la conciencia, el nombre y la forma, las bases de los sentidos, el contacto, la sensación, el aferramiento, el ansia, la existencia, el nacimiento y el envejecimiento y la muerte. Véase Tsering, Tashi. *Las cuatro verdades nobles*, Ediciones Amara, Ciutadella de Menorca, 2006.

19. Citado en Zopa Rinpoche, Lama Thubtenh. *Wish-Fulfilling Golden Sun*. Lama Yeshe Wisdom Archive. Página web: *http://www.lamayeshe.com/lamazopa/wfgs/wfgs.shtml*, (visitada el 29 de mayo de 2007), pág. 112

20. Shantideva. *A Guide to the Bodhisatva's Way of Life*. VI: 118, pág. 77.

21. Gyatso, Tenzin, Su Santidad el Dalai Lama. *Transforming the Mind: Teachings on Generating Compassion*. Londres: Thorsons, 2000, pág. 73.

22. Tsongkhapa. *Lamrim Chenmo*, pág. 303.

23. Ibíd., pág. 297.

24. Ibíd., pág. 307.

25. Ibíd., 307.

26. Khunu Rinpoche. *Vast as the Heavens*, v. 77, pág. 51.

27. Shantideva. *A Guide to the Bodhisatva's Way of Life*. I: 19, pág. 6.

28. Tsongkhapa. *Lamrim Chenmo*, pág. 285.

29. Khunu Rinpoche. *Vast as the Heavens*, vv. 228-229, pág. 139.

30. Shantideva. *A Guide to the Bodhisatva's Way of Life*. VIII: 90-91, pág. 113.

31. Gyatso, Su Santidad el Dalai Lama. *Transforming the Mind*, pág. 72.

32. Shantideva. *A Guide to the Bodhisatva's Way of Life*. VIII: 95-96, pág. 114.

33. Ibíd., VIII: 94, pág. 113

34. Ibíd., VIII: 155, pág. 124.

35. Gyatso. *Transforming the Mind*, pág. 75.

36. Shantideva. *A Guide to the Bodhisatva's Way of Life*. VIII: 131, pág. 120.

37. Ibíd., VIII: 129-130, pág. 119.

38. *Lama Chöpa, Extended Edition*, Taos, NM: FPMT Inc, 2004, pág. 83.

39. Shantideva. *A Guide to the Bodhisatva's Way of Life*. VIII: 158-159, pág.124.

40. Ibíd., VIII: 114, pág. 117.

41. Tsongkhapa. *Lamrim Chenmo*, pág. 313.

42. Garfield, Jay, traducción. *The Fundamental Wisdom of the Middle Way: Nagarjuna's Mulamadhyamakakarika*. Nueva York: Oxford University Press, 1995.

43. *Nagajuna's "Comentary on the Awakening Mind"*, septiembre de 2007, Su Santidad el Dalai Lama: DVD de la Oficina de Su Santidad el Dalai Lama, Monasterio Mamgyel, Dharamsala, India, 2007.

44. *Lama Chöpa*, vv. 95 y 99 págs. 89-91.

45. Pabonka Rinpoche. *Liberation in the Palm of Your Hand: A Concise Discourse on the Path to Enlightment*. Traducido por Michael Richards. Boston: Wisdom Publicartions, 1991, pág. 609.

46. Tsongkhapa. *Lamrim Chenmo*, pág. 292.

47. Shantideva. *A Guide to the Bodhisatva's Way of Life*. I: 15-16, pág.6.

48. Tsongkhapa. *Lamrim Chenmo*, pág. 309.

49. Véase también Gyatso, *Bodhichita*, págs. 123-128 y Arya Vimuktisena y Haribhadra. *Abhisamayalamkara with Vritti and Aloka*. Traducido por Gareth Sparham, Fremont, CA: Jain Publishing Company, 2006, págs. 9-16.

50. *Abishamayalamkara*, pág. 10.

51. Los doce actos de un Buda, según el budismo tibetano son: descender del Cielo Tushita, entrar en el útero de su madre, nacer, estudiar artes y artesanía, disfrutar de la vida en el palacio, renunciación, prácticas ascetas, ir a Bodhgaya, derrotar a las fuerzas negativas, Iluminación, girar la rueda del Dharma, entrar en el parinirvana.

52. Voy por refugio hasta la Iluminación en el Buda, el Dharma y la Sangha. Gracias al potencial positivo que creo practicando la generosidad y las otras actitudes extensas pueda alcanzar la Budeidad para poder beneficiar a todos los seres conscientes. Extraído de *FPMY Prayer Book*, vol. 1.

53. Oh, Budas, bodhisatvas y gurús, por favor, escuchad
Lo que voy a deciros desde lo más profundo de mi corazón.
Así como todos los Budas del pasado han desarrollado
El pensamiento de la Iluminación, la verdadera bodhichita,
Luego practicaron sus etapas de desarrollo gradual
Siguiendo las enseñanzas de todos los Hijos de Buda,
Así yo también, por el bien de todos los seres,
Desarrollo la bodhichita y sigo las enseñanzas
Exactamente como han hecho todos los.bodhisatvas.
En este momento mi vida se ha vuelto muy fructífera,
Por haber obtenido un cuerpo humano dotado
Hoy he desarrollado la verdadera esencia de Buda,
La bodhichita y, de ese modo, me he convertido en un Hijo de Buda.
Aplicando ahora cualquier medio sabio
Deseo actuar siempre según esta esencia
(y seguir los actos de todos los Hijos de Buda).
Deseo no confundir nunca con esta pura esencia sin mácula
(cualquier enseñanza que carezca de este Pensamiento Iluminado).
Extraído de la *FPMT Six-Session Guru Yoga*, originalmente extraído de *An Extensive Six-Session Yoga* del Primer Panchen Lama, extendido por Pabongka Rinpoche, traducido, Berzin, 1973.

54. Tsongkhapa. *Lamrim Chenmo*, pág. 331.

55. Thupten Jinpa, traducido, *Mind Training: The Great Collection* (Boston: Wisdom Publications, 2005), pág. 276.

56. *Lama Chöpa*, v. 97 pág. 89.

57. Shantideva. *A Guide to the Bodhisatva's Way of Life*. X: 55, pág. 188.

58. Extraído de *FPMY Prayer Book*, vol. 1.

59. Khunu Rinpoche. *Vast as the Heavens*, v. 21, pág. 31.

60. Citado en *Lamrim Chemno*, de Tsongkhapa, pág. 340.

61. Véase la meditación extensa de Lama Zopa sobre esto en su libro inédito, *Wish-Fulfilling Golden Sun*. Lama Yeshe Wisdom Archive. Página web: *http://www.lamayeshe.com/lamazopa/wfgs/wfgs.shtml.*

62. Tsongkhapa. *Lamrim Chenmo*, pág. 344.

63. Ibíd.

64. Ibíd., pág. 365.

65. Ibíd., pág. 390.

66. Los ocho preceptos mahayana se mantienen durante las veinticuatro horas del día y son: no matar, no robar, no mentir, no caer en la actividad sexual, no comer en horas inadecuadas, no lucir joyas o cantar o bailar (o realizar actividades que aumenten el apego), no sentarse en camas elevadas o adornadas (o realizar actividades que aumenten el orgullo) y no tomar productos que intoxiquen.

67. Shantideva. *A Guide to the Bodhisatva's Way of Life*. V: 12-14, pág. 39.

68. *Lama Chöpa,* v. 105 pág. 93.

69. Khunu Rinpoche. *Vast as the Heavens*, vv. 199 y 203, págs. 91 y 93.

70. *Abhayarajakumara Sutta,* Sutta 58, *Middle Lenght Discourses of the Buddha: A Translation of the Majjhima Nikaya,* traducción. Bhikku Nanamoli y Bhikkhu Bodhi (Boston: Wisdom Publications, 1995).

71. Jinpa, *Mind Training*, pág. 276.

ÍNDICE ANALÍTICO

A

Abhisamayalamkara, 99, 124, 179, 183
acto de dar, 146
Acumular méritos, 151
agregados, 76, 98, 174
altruismo, 11, 26, 88, 89, 103, 112
apego, 24, 35, 39, 40, 43, 46, 47, 48, 61, 78, 89, 94, 139, 141, 143, 146, 147, 148, 150, 161, 164, 177, 185
arhats, 148, 175
ascetas, 92, 184
aspiración de beneficiar a todos los seres, 56
aversión, 24, 25, 35, 38, 39, 40, 42, 43, 44, 45, 46, 47, 48, 61, 78, 89, 132, 161, 177

B

Base extraordinaria, 145
Big Bang, 58
bodhisatva19, 27, 29, 73, 74, 90, 115, 116, 117, 118, 119, 120, 121, 122, 123, 124, 125, 126, 127, 128, 129, 132, 137, 144, 148, 150, 152, 153, 156, 158, 163, 165, 168, 173, 176, 178
bondad, 26, 56, 58, 59, 60, 61, 63, 64, 65, 79, 106, 146, 147
Buda, 9, 12, 16, 19, 20, 24, 27, 28, 51, 52, 61, 62, 72, 84, 91, 108, 123, 138, 157, 158, 159, 160, 164, 165, 173, 174, 175, 176, 177, 184

C

Carta a un amigo, 41
Chandrakirti, 105, 148
Chenrezig, 24
chismorreos, 151
cinco fuerzas, 133
compasión, 9, 10, 12, 13, 15, 16, 33, 40, 42, 48, 56, 59, 61, 62, 66, 67, 68, 69, 70, 71, 75, 80, 90, 98, 100, 101, 102, 103, 106, 109, 127, 139, 143, 157, 159, 160, 162, 166
conducta sexua, 150
Cuatro Causas, 108
Cuatro Condiciones, 108

Cuatro Fuerzas, 108
cuatro inconmensurables, 67

D
Dalai Lama, 11, 12, 23, 29, 40, 48, 58, 63, 82, 88, 98, 110, 113, 117, 134, 168, 179, 182, 183
Dedicación extraordinaria, 145
Dharma, 9, 10, 19, 20, 24, 33, 62, 72, 112, 113, 114, 126, 127, 128, 133, 137, 142, 152, 154, 158, 159, 160, 165, 166, 167, 177, 184
diez no virtudes, 119, 150
discurso, 67, 150, 165, 166, 174, 175, 176
discursos que separen a la gente, 150

E
ecuanimidad, 34, 36, 37, 38, 39, 41, 42, 44, 45, 46, 48, 49, 57, 67, 68, 78, 106
ecuanimidad de la aplicación, 36, 37, 38
ecuanimidad de la sensación, 37
ecuanimidad inconmensurable, 37, 38, 39, 49, 78
emociones aflictivas, 27, 156, 173, 175, 177
enemigos, 39, 43, 47, 104, 143, 153, 161
enfermedad, 93, 144
Enseñanza de Vimalakirti, 138
Enseñar según el nivel del alumno, 165
Entrada al Madhyamaka (Madhyamakavatara), 148
estabilidad, 34, 36, 38, 137
estereotipos, 44
Etapas de la meditación, 137
Etapas en el Camino, 33
ética, 9, 12, 125, 149, 151

F
FPMT, 9, 17, 179, 183, 184

G
generalidad colectiva, 43, 44
generosidad, 90, 125, 138, 140, 141, 142, 143, 144, 145, 146, 147, 148, 149, 163, 164, 165, 184
generosidad de dar cosas materiales, 142
generosidad de dar protección, 142
Guelug, 83, 93, 175

guirnalda preciosa, 19
Gungthang Jampelyang, 35

I
ideología, 43
ignorancia, 20, 24, 35, 53, 54, 61, 66, 69, 79, 84, 89, 132, 150, 177, 182
Iluminación, 11, 12, 13, 15, 16, 19, 23, 28, 31, 40, 52, 53, 54, 55, 56, 59, 61, 62, 64, 65, 70, 71, 72, 73, 74, 77, 88, 92, 105, 106, 107, 108, 109, 111, 114, 115, 116, 117, 118, 119, 120, 123, 124, 126, 127, 128, 129, 130, 131, 132, 133, 134, 135, 137, 138, 140, 142, 145, 146, 147, 149, 150, 151, 152, 154, 160, 161, 162, 163, 164, 165, 167, 168, 173, 175, 177, 184
instinto, 59, 63, 107
intención especial, 56, 71, 106, 107, 115
ira, 35, 42, 44, 45, 47, 88, 143, 144, 152, 153, 154, 155, 157, 164

K
Kalachakra, 113
karma, 27, 58, 103, 123, 152, 157, 171, 175, 176, 182
Khunu Rimpoché, 53

L
Lama Chöpa, 93, 102, 133, 162, 179, 183, 185
Lama Thubten Zopa, 17
Lama Tsongkhapa, 23, 29, 64, 65, 67, 69, 70, 73, 96, 105, 114, 116, 119, 138, 139, 140, 141, 146, 149, 175
Lama Yeshe, 79, 160, 182, 185
Lámpara del camino hacia la Iluminación, 119
Langri Tangpa, 171
Lharampa Gueshe, 9, 17
linaje kadampa, 133
lojong, 132
Los Niveles del Bodhisatva, 108, 116, 120
Los veintidós tipos de bodhichita, 123

M
Madre Teresa, 112
Maitreya, 19, 51, 52
mala voluntad, 152, 153, 164
matar, 150, 185

meditación, 21, 36, 37, 38, 41, 45, 46, 48, 49, 52, 54, 56, 60, 67, 68, 70, 71, 84, 98, 100, 102, 104, 114, 115, 137, 173, 174, 175, 176, 185
mentir, 150, 185

N
Nagpur, 17
Nalanda, 16, 17
naturaleza de Buda, 51, 52, 84, 108, 159
naturaleza mutable de las relaciones, 41

O
Objetivo extraordinario, 145
Ocho versos sobre el adiestramiento menta, 132, 171
oraciones, 126, 129, 134
origen dependiente, 158, 159, 182

P
palabras duras, 150
Panchen Sonam Drakpa, 54
perfección de la concentración, 125, 164
perfección de la generosidad, 138, 141, 146, 147, 148, 163
Perfección de la moralidad, 149
Perfección de la paciencia, 152
Perfección del esfuerzo alegre, 158
permanencia apacible, 36, 38, 127
poder de la familiaridad, 94, 133, 134
poder de la intención, 133
poder del antídoto, 133, 134
poder de la plegaria, 134
poder de la semilla blanca, 133, 134
poderes, 110, 133
Prajnaparamita, 19, 123
preceptos, 151, 152, 185
Pureza extraordinaria, 145

R
refugio, 72, 119, 129, 184
robar, 150, 185
Rosario de Joyas, 132

S

Sabiduría fundamental del camino medio, 97

samsara, 24, 30, 33, 34, 35, 38, 53, 69, 70, 127, 157, 163, 175, 177

seis factores extraordinarios, 145, 151, 158

seis perfecciones, 108, 115, 116, 118, 124, 126, 127, 137, 138, 145, 147, 148, 150, 151, 163, 165, 167

Shantideva, 19, 20, 23, 26, 27, 28, 44, 62, 73, 77, 84, 85, 87, 89, 92, 94, 95, 105, 115, 116, 129, 132, 134, 153, 168, 179, 181, 182, 183, 185

siete puntos de causa y efecto, 33, 55, 73, 77, 105

sufrimiento, 9, 15, 22, 24, 26, 27, 33, 34, 39, 42, 46, 48, 53, 54, 61, 62, 63, 64, 66, 68, 69, 70, 72, 73, 76, 79, 80, 81, 82, 84, 85, 87, 88, 89, 92, 93, 96, 99, 100, 101, 102, 103, 105, 111, 135, 149, 152, 154, 155, 156, 157, 164, 171, 174, 175, 176

T

Tara, 24

Tathagata, 166

televisión, 25, 30, 159

Tíbet, 17, 23, 105, 175

todos los seres han sido nuestra madre, 56, 59

tomar y dar, 75, 100, 107

tong len, 100

transformación del pensamiento, 132

Transformando la mente, 82, 88

Tres Joyas, 130, 157, 173, 174

tres tipos de generosidad, 142

tres tipos de moralidad, 150

tsunami, 107

U

Una guía a la forma de vida del Bodhisatva, 19, 20, 23, 26, 44, 77, 116

V

vacío, 19, 28, 30, 77, 98, 125, 126, 127, 139, 140, 148, 152, 162, 163, 165, 167, 176

Vasto como los cielos, profundo como el mar, 23

Veinticinco mil versos, 123

verdad del origen, 79, 174

votos de la liberación, 119, 120

votos tántricos, 119, 120, 144, 178